정치가 내 삶을
바꿀 수 있을까?

정치가 내 삶을 바꿀 수 있을까?

이철희의 정치 썰전 2

이
철
희

지음

인물과
사상사

"정치는 진실을 추구하거나 누가 옳은지 결정하는 것이 아니다.
더불어 살아가는 건설적 방법이다."

●제리 스토커Gerry Stoker(영국의 정치학자)

정치가
삶의 무기가 되려면

관념

정치는 더럽고 나쁜 것이다. 툭하면 내로남불이고, 허구한 날 험하게 싸운다. 막말은 또 어떤가. 온갖 청탁에 숱한 일탈까지 꼴불견이 끝없이 이어진다. 정치인의 말은 믿으면 안 된다. 표를 얻기 위한 사탕발림일 뿐이다. 정치하는 사람들은 특혜를 누리면서 부패를 일삼고 있다. 힘 있고, 돈 있고, 빽 있는 사람들과 어울리며 그들의 이해를 대변한다. 정치는 되도록 가까이 하지 않고, 신경 끄고 사는 것이 좋다.

역설

　　내 눈에 비치는 정치는 한심할 정도로 못났다. 싫다. 차라리 없는 것이 낫다 싶다. 그럴 수 없다면 외면하고 혐오하면 그만이다. 그런데 왜 그 정치에 관심을 가지라 하고, 심지어 바꾸자고 하는가? 먹고살기 바쁜데……. 간단하다. 정치 없이 한 사회가 운영될 수 없기 때문이다. 국가나 사회의 질은 정치가 좌우한다고 해도 과언이 아니다. 보통 사람이 잘사는 나라와 못사는 나라의 차이는 그 나라 정치가 만들어냈다. 그렇다면 정치를 어떻게 해서든 바꿔야 한다.

진실

　　정치는 약자의 무기다. 정치의 게임 법칙이 산수이기 때문이다. 재산이나 학력 등 그 어떤 조건을 다 무시하고 무조건 한 사람에게 1표씩만 준다. 기계적 평등성이다. 누구나 동등하게 가진 표를 많이 얻은 후보에게 권력이 주어진다. 한 사회에서 강자·부자·승자는 소수고, 약자·빈자·패자가 다수다. 그러니 이들이 뜻을 모으면 누군가를 당선시킬 수 있고, 그러면 그를 통해 내 삶을 바꾸는 공적 결정을 내리게 할 수 있다. 내가 사회경제적 약자라면, 먹고살기 힘들수록 정치를 외면해서는 안 된다. 도리어 적극 활용해야 한다.

고백

늘 정치가 중요하다고 외쳤다. 핫hot하게 붙어서 그 정치를 바꾸고 싶었다. 국회의원으로서 '더 좋은 세상'을 향한 열정도 있었고, 나름 계획도 있었다. 하지만 힘에 부쳤다. 성과도 있었지만 정치를 바꾸는 데에는 미치지 못했다. 이쯤에서 쿨cool하게 물러서는 것이 옳은 선택이라 여겼다. 우리 정치를 바꾸는 꿈을 접은 것은 아니다. 이제는 안이 아니라 밖에서, 플레이어가 아니라 치어리더로서!

단상

가끔 이어폰을 꽂고 좋아하는 음악을 들으면서 한가로이 산책하는 것을 좋아한다. 어느 날, 연세 지긋한 분이 불쑥 악수를 청했다. "진흙탕에 뭐 하러 들어갔어? 고생했어." 고마웠지만 아무 말도 할 수 없었다. 어색한 웃음과 허리 숙인 인사로 감사를 대신했다. 하지만 돌아서 걷는데 마음은 점점 무거워졌다. 휴~ 그때 내 귀에 들려오는 음악이 ABBA의 〈Move on〉이었다. '그래, 또 움직여보자.'

솔직히 나부터도 우리 정치가 언제쯤 바뀔지 모르겠다. 그러나 멀지 않았다. 고단한 삶, 문제는 정치라는 생각을 많은 시민이 공유하고 있기 때문이다. 정치가 바뀌면 우리 삶도 바뀐다. 그렇다. 바뀌면 바뀐다.

2020년 1월, 설을 앞두고

이철희

차 례

제1장

진보의
정치

정치를
가능하게
하는 힘

정치의
성공과 실패

　　대개 정치의 실패가 심한 나라일수록 보통 사람들의 삶이 고단하고 열악하다. 흔히 말하듯, 없는 사람들일수록 자신의 삶을 바꾸기 위해 동원할 수 있는 자원이 거의 없다. 그들에게 있는 것이라고는 수적 우세뿐이다. 기계적 동등성에 입각해 모든 사람이 1표씩을 가지고 있고, 한 사회의 구성상 이른바 '힘없고 빽 없고 돈 없는' 서민이 다수일 수밖에 없다. 이 다수가 뭉쳐서 정치적 다수를 이루면 권력을 자신들에게 유리하게 사용할 수 있다. 민주주의로 자본주의의 권력관계를 교정하는 것이다. 정치가 이처럼 작동하지 않을 때 보통 사람들의 삶이 더 힘들어지는 것이다.

한국에 정말 필요하다고 하는 사회적 대타협이라는 것도 따지고 보면 정치의 성공과 다름없다. 이해관계가 충돌하는 집단들끼리 타협점을 찾기 위해서는 그들 간의 대화와 소통을 통한 신뢰 형성도 필요하지만, 그들이 타협할 수 있도록 안내하고 중재하고 압박하는 정치가 있어야 비로소 대타협이 가능해진다. 정치가 다수의 힘을 바탕으로 대타협하도록 적극적으로 유도하고 합리적으로 강제할 때, 사회집단 간의 타협과 공존이 이루어진다.

그런데 우리는 정치가 풀지 못하는 과제를 사회적 대타협의 틀로 넘기는 것으로 잘못 이해하고 있다. 물론 정치에서 진영 대결이 치열하고 정파 간 분열이 극심한 탓에 정치를 통한 타협이 더 어렵기 때문에 사회적 대타협이 우회적이거나 대안적인 해법으로 제기되는 사정은 충분히 이해할 수 있다. 그럼에도 정치를 우회하거나 심지어 부정하는 사회적 대타협 해법은 실현 가능성도 적지만 설사 그렇게 되더라도 그 효과가 대단히 제한적이다.

정치를 통하지 않은 대타협은 소수의 담합 거래로 귀결되기 십상이다. 자본과 노동자 간의 타협을 도모할 때 전체 기업과 전체 노동자 간의 상생이 아니라 대기업과 그 대기업의 정규직 노동조합 간에 타협이 모색되고 실현된다. 이를 대타협이라 할 수는 없다. 대기업이 정규직 노동조합과 상생하기 위한 자원을 확보하기 위해서는 하청 업체들에 돌아갈 몫을 줄일 수밖에 없다. 소수의 대기업을 제외한 다수의 기업이 어려워지면 자구책으로 자기 회사의 노동자들에게 줄 몫을 줄이게 된다. 결국 소수에게 혜택이 집중되는 담합 거래를 낳을 뿐인 타협이다.

어쨌든 정치의 기본 역할은 시장의 불평등과 차별을 시정하는 것이다. 그래서 시장에서 강자들이 부리는 횡포를 막고 약자, 즉 사회경제적 약자들의 삶을 지키고 보살피는 것이다. 정치가 시장의 실패를 바로잡는 데 기여할 때 그 사회는 좋아진다. 소수보다는 다수, 강자보다는 약자, 승자보다는 패자를 챙기는 사회 시스템이 작동된다.

정치에는 2가지 유형이 있다. 하나는 시장에 개입하지 않거나 못하도록 하는 정치다. 정치는 나쁘고, 더럽고, 유해하다는 전제하에 정치의 영역을 축소하는 것이다. 그래서 '반정치의 정치'라고 부른다. 또 하나는 시장의 불합리성과 불평등을 바로잡기 위해 정치가 개입하는 것이다. '1인 1표'의 민주주의를 통해 '1원 1표'의 자본주의를 조절하는 정치다. 이는 '반시장의 정치'라고 부를 수 있다. 크게 보면 반정치의 정치가 득세하는 나라는 보통 사람들의 삶이 어렵다. 반면 반시장의 정치가 득세하는 나라는 보통 사람들의 삶이 편하다. 물론 '반'정치, '반'시장이라고 해서 이 '반'이 부정을 뜻하는 것은 아니다. 항우울, 항정신성 등의 단어에 쓰이는 '항抗'의 의미다.

반정치의
정치

영국의 정치학자인 제리 스토커Gerry Stoker, 1955~ 교수에 따르면, 정치는 숙명적으로 실망을 낳을 수밖에 없다. 그는 이렇게 말한다.

"심지어 민주주의에서조차 정치가 감당해야 하는 진짜 문제는 그것이 불가피하게 실망을 끼칠 수밖에 없다는 점이다. 왜냐하면 정치는 다양하고, 서로 경쟁하는 이해와 의견들 속에서 집단적 결정을 짜내야 하는 어려운 과정이기 때문이다."

부작위의 작위라는 말이 있듯이 반정치도 정치의 일종이다. 이 반정치의 정치politics of anti-politics는 정치의 역할을 부정하는 정치다. 반정치의 토양은 풍부하다. 제리 스토커 교수가 말한 정치의 숙명적 실망론도 하나의 토양이다. 모든 사람을 만족시킬 수 없는 것이 정치다. 한 사회의 공공재라 할 수 있는 안보나 사회간접자본SOC과 관련해서도 생각이 다르고, 이해관계가 다를 수 있다. 2019년 1월 발표된 예비타당성 면제 사업이 좋은 예다. 한 사회가 가진 것을 모든 사람에게 일률적으로 동등하게 나눠줄 수는 없다. 그런 사회를 만들고자 한 사회주의는 참담하게 실패했다.

사실 사회주의의 가장 큰 약점은 인간에 대한 이해 부족이다. 과도하게 인간을 합리적인 존재라고 추정했다. 니콜로 마키아벨리Niccoló Machiavelli, 1469~1527도 언급했듯이, 무엇인가를 받은 사람은 그것을 당연하게 여긴다. 그러니 특별히 고맙다고 여기지 않거나 설사 고맙다고 해도 크게 목소리를 내지 않는다. 물론 그간의 삶과 확연하게 구분될 정도의 수여授與라면 좀 다를 수 있다. 무엇이든 덜 받거나 못 받거나 심지어 빼앗긴 사람이 비록 소수라고 할지라도 억울하고 분하기 마련이다. 당연히 큰소리로 항의하게 된다. 정치가 욕을 먹을 수밖에 없는 이유다.

반정치의 토양을 제공하는 다른 요인은 미국 펜실베이니아대학 스티븐 K. 메드비치Stephen K. Medvic 교수의 설명에서 찾을 수 있다. 동등감leveling spirit이다. 이는 제임스 매디슨James Madison, 1751~1836(미국의 제4대 대통령)이 주장한 개념인데, 권위가 있는 사람과 없는 사람을 동일시하는 지위 평등의 정신을 말한다. 사람은 다 똑같다는 이야기다. 민주주의의 심리적 발현이라 할 수 있다. 선출된 정치인이라고 해서 나와 다를 것이 없고, 있어서도 안 된다.

그런데 보통 사람들의 눈에 정치인들은 상당한 특권을 누리며 다른 삶을 산다. 잘 먹고 잘사는 것처럼 보이고, 보통의 다른 사람들이 갖지 못하는 권력을 누린다. 부당하게 여겨지기 쉽고, 누구라도 이런 모습에 대해 호의를 갖기란 어렵다. 정치인의 번지르르한 가식도 싫은데 가끔 터지는 막말 논란이나 스캔들과 부정부패는 이런 반감에 기름을 붓는다. 정치는 눈으로 총을 쏘고(눈총), 손으로 탄환을 날리는(지탄) 불신의 대상이 된다.

스티븐 K. 메드비치 교수는 민주정치의 혼란성도 거론한다. 단기적 관점에서 보면 민주성은 효율성과 배치되는 가치다. '민주주의=혼란'으로 인식되는 것도 그만한 이유가 충분히 있다. 서로 대등한 존재들이 토론하고 다투는 것이니 시끄럽고 어수선한 것은 피할 수 없는 대가다. 민주주의의 전당인 의회parliament의 원래 뜻도 '시끄러운 상점'이다. 민주정치의 흠결이기는 하지만 이것이 역으로 민주정치의 장점이기도 하다. 다른 체제가 갖지 못하는 강점이다.

누구도 옳다고 확신할 수 없으니 시끄러운 토론과 어수선한 조정을 거쳐 타협을 모색하는 것이다. 누구나 참여할 수 있으니 통합성이 생기고, 토론과 협의를 거치는 숙의성 deliberation이 생기고, 서로 타협하니 책임성이 생겨나기 때문이다. 민주정치가 혼란, 소란, 지체, 위선 등의 문제점을 낳지만 그것은 더 나은 결과를 만들어내기 위한 기회비용이다. 하지만 이런 점들이 정치를 위축시키고자 하는 세력에는 반정치를 홍보하는 좋은 소재가 된다.

신자유주의는 시장에 정치가 개입하지 못하도록 막는다. 신자유주의를 받아들이는 '강경보수'는 작은 정부, 감세, 민영화, 규제 완화 등을 말한다. 이는 곧 정치의 축소와 시장의 확대를 위한 장치들이다. 오죽하면 강경보수를 대표하는 로널드 레이건Ronald Reagan, 1911~2004이 이렇게 말하랴. "정부는 문제를 해결하기는커녕 스스로 문제가 되고 있다Government is not the solution to our problems but is itself the problem." 영어 'Government'는 정치를 의미하기도 한다.

진보 정치인 중에서도 더러 반정치 담론을 설파한다. 영국의 토니 블레어Tony Blair, 1953~ 전 총리는 이렇게 말했다. "내가 진정으로 정치에 몸담은 적은 없다. 나는 정치인으로 성장하지도 않았다. 지금도 나는 스스로 정치인이라 생각하지 않는다." 토니 블레어 총리 시절 장관을 지낸 찰리 팔코너Charlie Falconer, 1951~는 훨씬 더 나갔다. "주요 의사결정을 탈정치화시키는 것이 권력을 국민에게 돌려주는 핵심적 방법이다." 진보가 신자유주의를 받아들인 탓이다. 기가 막힐 따름이다.

반정치 정서가 생겨난 배경을 보면 일면 대중의 자연스러운 반응으로 이해할 측면도 있다. 그러나 본질적으로는 갈등의 사회화라는 민주정치의 본질적 기능을 작동하지 못하게 하기 위해 정교하게 만들어진 기획 담론이라 할 수 있다. 갈등의 '사회화'를 통해 손해 보는 이들의 주장인데, 이는 갈등의 '사사화私事化'라 할 수 있다. 미국의 정치학자인 엘머 에릭 샤츠슈나이더Elmer Eric Schattschneider, 1892~1971가 이 점을 잘 지적하고 있다.

"모든 싸움은 두 부분으로 이루어져 있다. 하나는 싸움의 중심에 적극적으로 가담하는 소수의 개인들이고, 다른 하나는 어쩔 수 없이 그 광경 속으로 끌려들어가는 구경꾼들이다. 구경꾼들은 싸움꾼들만큼이나 중요한 비중을 가지면서 전체 상황을 구성한다. 그들은 상황의 필수적인 구성 요소이다. 왜냐하면 대개의 경우 구경꾼이 싸움의 결과를 결정하기 때문이다. 구경꾼은 일반적으로 소수의 싸움꾼들보다 몇 백 배나 많기 때문에 놀랄 만한 잠재력을 가지고 있다.……따라서 어떤 갈등이든 그것을 이해하려면 싸움꾼과 구경꾼의 관계를 늘 염두에 두어야 한다. 왜냐하면 싸움의 결과를 결정하는 일은 대개 구경꾼들의 몫이기 때문이다. 그 이유는 다음과 같다. 구경꾼은 수나 영향력에 있어 압도적인 존재다. 또한 그들은 결코 중립적인 태도를 취하지 않는다. 갈등이 야기하는 자극과 흥분은 쉽게 군중에게 전달된다. 이것이 바로 모든 정치의 기본적 양상이다."

　반정치는 힘센 사람이 마음대로 할 수 있게끔 구경꾼들이 모여드는 것을 막는 정치다. 그런데 반정치론은 일종의 '정치 때리기politics baiting'나 '정치 죽이기'라 할 수 있다. 정치가 워낙 욕먹을 모습을 자주 보여주기는 해도 실상보다 과도하게, 끊임없이, 의도적으로 매도되고 있다. 흔히 정치권이라 불리는 의회와 정당에는 제도에 따른 역할상 경쟁자들이 있다. 행정부, 언론, 기업 등이다.

　이들은 정치가 영역을 확장하는 게 싫다. 정치가 국민을 대변·대표하는 역할을 제대로 하면 할수록 경쟁자들의 역할과 입지는 줄어든다. 입법부(국회의원)와 행정부(대통령)는 둘 다 선출된 권력이기 때문에 태생적으로 경쟁 관계다. 이중적 정통성dual legitimacy이라 불리는 문제다. 의회가 제대로 작동하면 행정부의 영역은 줄어들고, 견제와 감시 때문에 피곤하다.

시장의 논리인 1원 1표에 비해 정치의 논리인 1인 1표는 부자에게 불리하고 서민에게 유리하다. 부자는 소수고 서민은 다수이기 때문이다. 따라서 정치를 통해 서민의 이해가 많이 반영될수록 시장의 강자인 기업과 부자들로서는 손해를 보기 쉽다. 행정 권력에 대한 비판·견제 기능, 사회적 공기 또는 국민의 대변자 역할에서도 정치는 언론과 경쟁할 수밖에 없다. 게다가 언론은 자신의 기본 속성 때문에 정치의 순기능보다는 역기능과 재미 요소에 주목할 수밖에 없어 양자는 궁합이 잘 맞지 않는다.

정치의 한심한 모습과 무능 때문에 유권자가 의당 갖게 되는 불신과 담론으로서의 반정치는 다른 차원의 문제다. 이데올로기적 담론으로서의 반정치론은 정치를 혁신하게끔 추동하기보다는 위축시키고, 정치인들이 기득권에 안주하도록 만든다. 카르텔 정당 모델이다. 반정치 담론으로 인해 유권자가 정치에 대한 관심을 거두게 되고, 그럼으로써 정치인들은 계속 무능해진다. 결국 반정치의 수혜자는 현실 정치인과 그 경쟁자들이고, 피해자는 유권자다. 정치 혁신은 반정치론으로 이루어지지 않으며 정치 관심론, 즉 유권자들이 문자 그대로

'권력을 가진 시민'으로서 잘 지켜보고 평가하고 상벌로 심판할 때 이루어진다.

반시장의 정치

덴마크의 사회학자인 괴스타 에스핑-아네르센Gøsta Esping-Andersen, 1947~의 『시장을 거스르는 정치Politics against Markets』에서 착안한 반시장의 정치politics of against-market는 시장의 폐해를 시정하는 정치다. 1인 1표의 정치로 1원 1표의 시장을 견제하고 권력관계를 조정한다는 이야기다. 시장을 규제하지 않으면 고삐 풀린 망아지처럼 천방지축으로 날뛰게 된다. 정글 자본주의! 그것은 곧 삶의 모든 영역이 상품화되거나 영리화되고, 경쟁이라는 미명하에 승자독식 또는 '강자독식the strong-takes-all'이 이루어진다. 다음은 영국 케임브리지대학 장하준 교수의 정리다.

"정부 실패 논리를 내세우는 사람들은 정부의 의도와 능력이 의심스러운 마당에 시장 실패를 수정한다는 명목으로 정부의 개입을 허락하면 상황이 더 악화될 수 있다고 주장한다. 시장이 실패할지는 모르지만, 정부는 거의 항상 더 크게 실패한다는 것이 그들의 결론이다. 이를 위해 제시하는 해결책이 시장에서 정치를 제거하는 것이다. 더 어려운 표현을 사용하면 경제의 탈정치화depoliticization of the economy이다. 정부 실패론자들은 이런 상태를 유지하기 위해서는 정부 지출을 삭감하고(따라서 세금도 삭감하고), 시장 규제 철폐와 국영기업의 민영화 등을 통해 정부를 최소화해야 한다고 주장한다. 통화 안정이나 자연 독점에 대한 규제처럼 여전히 정부 개입이 필요한 극소수 분야에서는 이런 일을 담당하는 정부 기구에 정치적 독립성을 부여해 정책 과정을 분리 보호해야 한다고 말이다. 중앙은행 독립과 자연 독점(가스, 통신 등)을 관리하는 독립적 규제기관 설치 등이 가장 자주 거론되는 예이다."

시장은 자유를 누리게 하고, 정치는 규제를 통해 위축시키고자 하는 신자유주의의 실체는 그 체제하에서 불평등이 극심해지는 양극화 현상에 있다. 조지 소로스George Soros, 1930~는 『세계 자본주의의 위기』에서 시장 근본주의, 즉 신자유주의의 결함과 폐해에 대해 이렇게 경고했다.

"시장 근본주의에 따르면, 모든 사회적 활동과 인간의 상호작용을 계약에 기반한 거래관계로 이해하고 화폐라는 단일한 척도로 평가하는 것이 바람직하다. 사업과 경제 이외의 영역으로까지 시장 이데올로기가 침투할 경우 사회 전반에 반도덕적이고 파괴적인 결과가 발생할 가능성이 높다. 순수하게 경제적이고 금융적인 영역에서 시장에 전권을 부여할 경우 엄청난 무질서 상태가 빚어지며 결국에는 세계 자본주의 체제의 붕괴로 이어질 수밖에 없다."

정부가 시장에 개입하기를 거부함에 따라 초래된 1929년의 세계대공황도 좋은 예다. 수많은 사람이 거리에 나앉아도 허버트 후버Herbert Hoover, 1874~1964 정부는 자연 치유를 외치며 수수방관했다. 시장이 자연발생적으로 형성되었고, 그대로 두면 알아서 잘 돌아간다는 주장은 허구다. 시장도 규제나 강제로 주조되었다. '보이지 않는 손'에 의한 질서는 만들어진 신화일 뿐이다.

시장에 맞서는 반시장의 정치가 이루어낸 가장 빛나는 성과가 복지국가다. 미국 컬럼비아대학 정치학과 셰리 버먼Sheri Berman, 1965~ 교수가 복지를 정치적 기획이라고 설명하듯이, 복지는 정치가 개입해 시장의 불평등과 폐해를 시정하는 시스템이다. 국적과 출생이라는 우연한 요소 때문에 삶의 질이 다르지 않도록 삶의 기본적 조건을 사회가 충족시켜주는 체제다. 복지국가를 만들어낸 사회민주주의는 기존의 마르크스주의에서 배제된 정치의 기능을 복원한 것이기도 하다.

경제적 법칙에 따라 자본주의가 무너질 것이라는 마르크

스주의의 과학은 틀린 것으로 증명되었다. 따지고 보면 레닌에 의한 러시아혁명도 그가 마르크스와 달리 정치를 발견하고 활용함으로써 가능한 것이었다. 복지국가든 사회주의 혁명이든 '정치의 복원'이 있었기에 가능했다. 복지국가는 사회경제적 약자들이 자기 권익을 찾을 수 있도록 그들의 권력을 확장함welfare coalition으로써 가능했다. 강한 사민당, 비례대표제, 높은 노조 조직률 등이 복지국가를 만들어낸 3대 주축이라 할 수 있다.

반시장의 정치를 말할 때 거론할 수 있는 다른 예는 미국의 뉴딜체제다. 1929년의 세계대공황으로 사회경제적 약자, 즉 프랭클린 루스벨트Franklin D. Roosevelt, 1882~1945가 '잊힌 사람들forgotten man'로 개념화한 이들이 빈곤에 허덕이고 길거리로 내몰렸다. 이처럼 시장의 실패가 현실적으로 확인됨에 따라 정치가 개입할 수 있는 여건이 만들어졌다.

사실 뉴딜New Deal이라는 것도 그동안 국가가 시장을 규제하지 않음으로써 그 폐해를 보통 사람들이 짊어지게 하는, 즉 국민을 하찮게 대하던deal 것에서 벗어나 사회경제적 약자들을 새롭게 대우하겠다는 의미다. 뉴딜정책은 시장의 권력관계에 짓눌리고, 그 폐해 때문에 신음하던 약자들에게 실질적 혜택을 주고, 나아가 권력을 주는 정책을 펼쳤다. 그래서 형성된 것이 뉴딜정책을 지지하는 사회경제적 약자들을 중심으로 한 뉴딜연합New Deal coalition이다.

이 미국판 복지국가를 지향하는 뉴딜체제는 신자유주의로 무장한 강경보수에 의해 야금야금 무너졌다. 복지체제가 자본의 공세 앞에 쉽게 무너진 미국이나 영국을 보면 지역구-소선거구-단순다수제라는 선거제도를 공통 요인으로 갖고 있다. 복지국가의 폐해 때문에 반복지의 목소리가 커지더라도 비례대표제에서는 커진 만큼 힘(의석 등)을 더 갖게 되지만, 결국에는 타협과 합의를 추동하기 때문에 이 제도를 채택하고 있는 나라는 잘 버텼다. 독일이 대표적이다. 반면 단순다수제는 전부 아니면 전무all or nothing의 게임의 법칙으로 약간의 지형 변화에 따라 성패가 갈리기 때문에 극단적으로 다 바꿀 수도 있는, 엄청나게 다른 결과를 초래할 수 있다. 섬뜩한 제도 효과다.

세상을 바꾸는
힘

반시장의 정치는 불가피하게 반정치의 정치와 치열하게 경쟁해야 한다. 정치가 보통 사람들의 고단한 삶을 개선할 수 있는 힘을 지니고 있다고 하더라도 현실에서 그 정치의 효능efficacy이 체감되지 않을 때 정치는 잊히거나 거부된다. 민주주의가 제도적으로 도입되었다고 하더라도 그에 의한 민주정치가 자동적으로 변혁적 힘을 발휘하는 것은 아니다. 진보세력과 진보 정치인들이 세상을 바꾸는 강력한 수단으로 정치를 효과적으로 활용할 때 가능해진다.

민주정치와 선거의 경험이 쌓이면서 최근 정치를 '발견'하는 움직임이 조금씩 늘어나고 있다. 더불어 정치를 '은폐'하는 움직임 역시 커지고 있다. 따라서 진보가 치러야 할 첫 번째 싸움이 바로 대중이 정치를 발견할 수 있게 만드는 것이다. 다시 말해 반시장의 정치가 그 효용성을 사회경제적 약자들에게 체감시켜줄 때 정치가 그 본래 힘을 발휘할 수 있게 된다. 그리고 사회경제적 약자들이 정치를 발견하게 되는 까닭은 그들의 주체적 자각이 아니라 진보정당의 적극적 노력 때문이다.

대한민국의 진보는 정치를 통해 세상을 바꾸는 데 아주 둔하다. 유능이냐 무능이야 잣대로 나누면 무능에 가깝다. 진보가 집권한 3번의 선거를 보면 모두 정치를 통해 집권했다고 보기 어렵다. 1997년 대선에서는 보수가 초래한 IMF 사태 때문에 진보가 반사이익을 누렸다. 미국의 대공황은 민주당의 손쉬운 집권을 낳았는데, 우리의 외환위기는 그렇지 못했다. 이런 실패에도 DJP라는 선거연합을 통해 겨우 대선에서 승리할 수 있었다.

2002년 대선에서도 진보는 보수에 밀려 고전하다가 노무현과 정몽준의 단일화라는 극적 이벤트로 판을 뒤집었다. 후보단일화는 선거연합의 한 예이기 때문에 정치를 통한 집권으로 볼 수 있다고 생각할지 모른다. 그러나 그때의 단일화는 연합의 명분, 정책, 운영 방안 등이 제대로 제시되지 않았다. 유럽에서 많이 보이는 연합과는 다른 것이었다. 2017년의 대선 승리도 촛불시위라는 시민봉기가 있었기에 가능했다.

진보는 상대방의 보기 드문 대형 실패나 시민의 대중적 저항 또는 필사적으로 시도해 얻은 스턴트 액션stunt action과 같은 예외적 요인이 아니라 정상적인 상태에서 평소 실력으로 승리하는, 다시 말해 비전과 정책과 인물로 다수연합majority coalition을 만들어냄으로써 선거에서 승리하고, 설사 운 좋게 승리했더라도 집권을 통해 진보적 가치와 정책이 대세를 이루는 새로운 정치 질서를 구축할 수 있어야 한다. 이제 진보는 도전자나 저항 세력이 아니라 주류나 주도 세력으로서 그 위상을 명실상부하게 보여줄 때다. (2019년 3월 1일)

민주정치로
가는
길

정치가
왜 중요한가?

정치가 중요한 이유는 간단하다. 우리 삶의 규칙rule을 정하기 때문이다. 즉, 정치에 따라 삶의 질이 달라지기 때문이다. 특히 서민이나 보통 사람이라 불리는 사회경제적 약자들의 삶이 달라진다. 정치가 부자나 강자를 대변할 수도 있고, 서민이나 약자를 대변할 수도 있다. 어떤 정치냐에 따라 좋아지는 대상이 달라진다.

민주주의 이전의 정치는 사회경제적 약자들과 무관한 것이었다. 모든 사람이 '1인 1표'의 동등한 정치적 권리를 보장받는 민주주의에서 정치, 즉 민주정치만이 이들 약자나 보통 사람의 이해와 요구를 대표하거나 대변할 수 있다. 민주주의는 수적 다수가 권력을 장악하는 정치 시스템이기 때문에 사회경제적 약자들도 얼마든지 권력을 자신의 삶을 위한 유효한 수단으로 쓸 수 있다. 민주주의 아래에서 펼쳐지는 정치, 즉 민주정치를 통해서만 보통 사람들이 자신의 실질적 이해와 요구를 구현해낼 수 있다는 이야기다. 요컨대 민주정치는 약자가 활용할 수 있는 가장 유효한 자구·자위 수단이다.

한 인간이 이 세상에 올 때 어느 나라에서 태어날 것인지는 자신의 선택이 아니다. 자연에 의한 우연, 이것이 한 인간이 어느 땅에서 어느 부모를 만나는지의 본질이다. 그렇다면 이런 질문이 가능하다. 내가 어느 나라에 태어날지, 어떤 부모를 만날지 주체적으로 선택한 것도 아닌데 왜 내 삶의 질이 태어난 나라와 만난 부모(이른바 나라·부모 요인)로 결정되어야 하는가?

누구는 스웨덴이나 핀란드·덴마크·노르웨이와 같은 나라에서 태어난 덕에 복지 등 사회권social right을 향유하면서 살고, 다른 누구는 미국의 정치학자인 래리 M. 바텔스Larry M.

Bartels, 1956~의 책 제목처럼 '불평등 민주주의' 국가에서 태어난 탓에 차별에 짓눌려 산다. 우연에 의해 내 삶의 질이 결정된다면 그것은 분명 잘못이다.

영국 『이코노미스트』가 지적하는 대로, 대한민국은 한 방 사회one shot society다. 한 방, 즉 어떤 대학에 들어가는지에 따라 이후 삶의 질이 달라진다. 서열화된 대학 구조에서 이른바 '좋은' 대학을 나와야 안정된 미래가 보장된다. 어느 대학에 들어가는지가 각자의 노력에 따라 결정되는 것도 아니지만, 설사 그렇다손 치더라도 10대 때의 성과에 따라 나머지 인생 60~70년이 결정된다면 그 자체로 부당하고 불합리하다.

그뿐인가? 어느 대학에 들어가는지가 개인의 노력에 의해서가 아니라 사교육과 부모의 시간적 여유와 인적 네트워크 등에 의해 좌우된다면, 이것은 불합리를 넘어 불평등이 구조화되었다고 볼 수밖에 없다. 인생의 성패와 삶의 질이 어느 대학을 나왔느냐에 따라 결정되고, 그 대학의 선택이 부모의 사회적·경제적인 능력에 따라 좌우되는 것은 잘못이다. 나쁜 사회다.

행복한 삶이 좋은 나라에서 태어나고, 부자 아빠를 만나는 행운의 결과물이어야 하는가? 아니다. 행복한 삶은 우연에 의한 행운이 아니라 개인적 차원에서는 노력의 산물이어야 하고, 사회적 차원에서는 정치 기획의 산물이어야 한다. 좋은 나라는 좋은 정치에 의해 만들어졌다. 부자 아빠를 만났다고 해서 좋은 삶을, 가난한 아빠를 만났다고 해서 나쁜 삶을 살도록 방치하지 않는 것이 좋은 정치다. 다르게 표현하면, 정치를 바꾸면 삶의 질이 얼마든지 바뀔 수 있다는 이야기다.

물론 그 정치를 바꾸는 일 역시 우연히 훌륭한 정치인이 등장하는 행운에 의해 이루어지지 않는다. 좋은 정치를 위해 유권자의 자각적인 노력도 필요하지만, 기본적으로는 이에 앞서 정당과 정치인의 선도적인 행위가 먼저 있어야 한다. 나쁜 정치의 책임을 유권자에게 돌리는 것은 오해이거나 무능한 정치인의 알리바이일 뿐이다. 누가 뭐래도 유권자에게는 책임이 없다.

각자도생과 헬조선

한때 성공이라는 단어가 유행하고, 각종 자기계발서가 베스트셀러 순위를 독차지한 적이 있다. 오죽하면 이명박 전 대통령이 대선후보 시절 국민성공시대를 슬로건으로 내걸었으랴. 그런데 이 성공은 각자도생各自圖生을 전제로 한다. 성공하려면 개인이 죽어라 노력하는 길밖에 없다는 논리의 반영이다. 게다가 이들이 말하는 성공은 물질적 성공이다. 이런 흐름이 극대화되어 '헬조선'이라는 표현이 생겼다.

그런데 과연 한 개인이 잘 먹고 잘살기 위해 필요한 조건이 개인의 노력뿐일까? 설사 개인의 노력에 따라 성공이 가능하다고 할지라도 치열한 경쟁에서 승리해야 하고, 그 승자는 극히 소수에 불과하지 않는가. 또 경쟁 담론이, 성패의 요인은 결국 자신에게 있다는 '내 탓' 정서를 유포시킨다는 사실도 인지해야 한다. 승자독식도 당연한 것으로 용인된다. 여기에 사회는 없다. 신자유주의를 신봉하고 실천한 영국의 마거릿 대처Margaret Thatcher, 1925~2013 전 총리는 "사회 같은 것은 없다There is no such thing as society"고 했다. 이처럼 성공 담론은 개인의 노력 유무와 정도만 따질 뿐 사회의 노력과 정치의 책임을 의도적으로 묻어버린다.

성공이 삶의 목표가 되는 것은 경쟁에 차별이 없을 때, 극소수만 승자이고 대부분 패자이지 않을 때, 그리고 승자가 갖는 몫이 지나치게 과도하지 않을 때 그나마 의미를 갖게 된다. 사람마다 타고난 능력이 다를 수 있기 때문에 그 천부적 자질을 동등하게 취급할 수는 없다. 천부적 자질에 의한 성과는 '다르게' 보상하는 것이 옳다. 문제는 생득적 차이가 아니라 사회경제적 조건의 차이가 경쟁의 성패 요인으로 작용하는 것이다. 이것은 경쟁이 아니다. 누가 이길지 정해져 있는 게임은 경쟁이 아니다. 차별이다.

원래 경쟁은 기본 속성상 반사회적이다. 게다가 경쟁이 심해질수록 필연적으로 불평등 또한 심해진다. 마거릿 헤퍼넌 Margaret Heffernan, 1955~이 『경쟁의 배신』에서 말하는 통찰이다. 이처럼 안 그래도 문제투성이인 경쟁 메커니즘이 사회경제적 요인에 의해 불공정하게 작동하는 것이 지금의 현실이다. 또 경쟁에 의해 절대 다수가 루저loser가 되는 것도 엄연한 현실이다. 결국 개인의 노력으로 경쟁에서 승리하는 성공은 대부분 불가능한 꿈이다.

역설적이게도 개인의 좋은 삶은 사회적으로 만들어진다. 사회적 성취 또는 정치적 결과라는 이야기다. 좋은 삶은 좋은 사회가 건설되어야 가능해진다. 좋은 사회를 만드는 주체, 즉 기본 동력은 정치다. 정치의 질로 한 사회의 질이 결정되기 때문이다. 아무리 그 나라가 잘살아도 보통 사람들의 삶은 얼마든지 나쁠 수 있다.

미국이 그런 예다. 미국에서 1929년 대공황 이후 미국식 복지국가를 지향하는 뉴딜체제가 만들어진 것도, 1980년대 이후 그 뉴딜체제가 허물어진 것도 모두 정치 때문이었다. 뉴딜체제를 만든 것은 프랭클린 루스벨트를 위시한 진보적 리버럴이었고, 그것을 허문 것은 로널드 레이건으로 상징되는 강경보수였다. 노벨경제학상을 받은 폴 크루그먼Paul Krugman, 1953~의 지적이다.

"미국에서 불평등이 확대된 것은 1980년대 들어서면서부터였다.……그러나 1970년대 중반 우파가 공화당을 차지했고, 이를 가능케 한 보수주의 운동도 1970년대 초반부터 여기저기서 모습을 드러내기 시작했다. 따라서 시기적으로 정치적 양극화가 먼저 이루어졌고, 경제적 불평등이 그 뒤를 따랐다는 것을 보여준다."

스웨덴을 예로 들자면, 스웨덴의 복지국가는 복지 '정책'에 의해서가 아니라 복지 '정치'에 의해 만들어졌다. 대중의 요구와 선호, 열망과 이해에 부합하는 정책을 고안하는 것은 학자의 영역이지만 그것을 현실에서 구현하는 것은 정치의 몫이다. 아무리 좋은 정책도 정치를 통해 현실화되는 것이 중요하다. 좋은 정치 없이 좋은 정책 없다. 스웨덴의 진보 정치인들은 이념적 순결성이나 정책적 완결성보다는 정치적 유연성과 통합적 리더십으로 복지국가를 건설했다. 이 사실을 잊지 말아야 한다.

"민주주의에는
정치가 필요하다"

영국의 정치학자인 제리 스토커 교수는 이렇게 말했다. "민주주의가 아니어도 정치는 가능하다. 그러나 정치가 없으면 민주주의는 없다." 이런 말도 덧붙였다. "정치는 진실을 추구하거나 누가 옳은지 결정하는 것이 아니다. 더불어 살아가는 건설적 방법이다." 제리 스토커 교수가 "정치 없는 민주주의"가 불가능하다고 표현했다면, 스티븐 K. 메드비치 교수는 이렇게 표현했다. "민주주의에는 정치가 필요하다 Democracy requires politics." 말만 다를 뿐 같은 메시지를 담고 있다. 강자나 승자가 아니라 보통 사람들이 먹고사는 데 도움이 되는 민주주의가 되려면 정치가 제대로 작동해야 한다. 어떤 민주주의가 될지는 정치가 결정한다는 이야기다.

우리가 마트나 백화점에 갈 때에는 소비자로서 간다. 이때 소비자는 평등한 존재가 아니다. 10만 원을 쓰는 소비자와 100만 원을 쓰는 소비자는 다른 대접을 받는다. 심지어 주차 공간조차 다르다. 누구도 이런 차별적 대우에 대해 억울하다고 항의하지 않는다. 이렇듯 시장의 법칙은 '1원 1표'라 할 수 있다. 돈을 얼마나 가지고 있느냐에 따라 행사하는 권한이 다르기 때문이다.

반면 우리가 투표장에 갈 때는 유권자로서 간다. 이 유권자는 완벽하게 평등한 존재다. 재산이 수십조 원에 달하는 재벌 총수나 백수나 똑같이 1표씩만 갖는다. 그 어떤 다른 조건으로도 결코 표를 더하거나 뺄 수 없다. '1인 1표'는 민주정치의 절대 전제다. 1원 1표가 자본주의와 시장의 논리라면 1인 1표는 민주주의와 정치의 논리다. 장하준 교수가 『장하준의 경제학 강의』에서 지적한 내용이다.

"'정치'라는 것이 과연 무엇인가? 민주국가에서 정치란 국민이 끼치는 영향력에 다름 아니다. 시장은 '1원 1표' 원칙으로 움직이는 반면 민주정치는 '1인 1표' 원칙으로 움직인다. 따라서 민주사회에서 경제를 탈정치화하자는 것은, 결국 돈을 더 많이 가진 사람들에게 사회를 움직이는 힘을 더 많이 주자는 반민주적 주장이다."

정치의 개념을 넓게 잡으면 고대·중세 사회의 왕정, 군주정이나 귀족정에서도 정치는 있었다. 궁정정치라는 말이 있듯이 공동체가 그 유지를 위해 이런저런 결정을 해야 하는데, 그러면 정치는 불가피하다. 그런데 민주주의가 작동하게 하는 정치는 민주정치다. 공동체의 모든 구성원에게 1표씩을 허용한 정치적 평등성에 바탕을 둔 정치다. "정치적 평등성이

야말로 민주주의의 유일한 기본 원칙이다." 미국의 정치학자인 로버트 달Robert Dahl, 1915~2014의 말이다.

민주정치는 1인 1표라는 정치적 평등에 의해 가능하고, 그렇기 때문에 변혁적 힘을 가지게 된다. 이것이 민주정치가 그 이전의 정치와 구별되는 결정적 차이다. 100명의 구성원을 가진 집단이 있다. 100명이 가진 재산은 각기 다르다. 1명 또는 2~3명이 나머지 99명이나 97~98명의 재산을 다 합친 것보다 많이 가지고 있다고 가정해보자. 1원 1표 시스템으로 집단의 의사를 결정한다면, 1명이나 2~3명의 의사가 그대로 관철된다.

반면 1인 1표에서는 인적 다수를 형성할 때에만 집단의 결정을 좌우한다. 소수가 아무리 많은 돈을 가져도 집단의 결정을 좌우할 수 없다. 그뿐만 아니라 누구도 일방적으로 자신의 의지를 고집할 수 없다. 타협해야 한다. 다수를 형성하는 과정에서 한 개인의 의사가 전일적으로 관철되기는 어렵고, 다수라고 해서 소수를 완전히 무시할 수 없기 때문이다. 이렇듯 민주주의는 타협이다.

정치를 통해 보통 사람들이 다수를 이루어 권력을 행사하는 것이 가능하다. 권력을 잡은 후 시장의 불평등을 시정할 수 있다. 추상적으로 말하면 민주주의에 의해 자본주의의 야만적 충동animal spirits이 순치되고, 불평등성이 교정되는 것이다. 이 변혁성이 열려 있는 정치가 민주정치다. "민주주의는 가난한 사람이나 부자 또는 많이 가지고 태어난 사람 모두 최소한 공동체 운영에서만큼은 평등하다는 믿음에 기초하고 있다." 미국 텍사스대학 폴 우드러프Paul Woodruff, 1943~ 교수의 말이다.

정치가 시장에 개입해 기성의 질서를 바꿀 수 있다고 하니 시장이나 시장의 강자들이 얼마나 정치를 싫어할지는 자명하다. 정치가 시장에 개입하지 말라고 주장하는 정치인을 부자나 기업이 얼마나 좋아하고 우대할지도 역시 자명하다. 힘센 강자가 약자를 마음대로 다루지 못하도록 하는 규제는 부당하고 억울하다. 그 때문에 그들은 정치를 위축시키고, 정치가 제대로 작동하지 못하게 하는 반정치를 신조로 삼게 된다.

물론 정치의 변혁적 힘에도 한계는 있다. 다수의 힘이 관철될 수 있다고 해서 다수면 무엇이든 가능하다고 생각해서는 안 된다. 다수라고 해서 그 다수가 소수에 비해 옳다는 뜻은 아니기 때문이다. 역사적으로 다수의 전횡이 폭정과 파시즘을 낳았다. 옳고 그름이 아니라 수적으로 많다는 '상태'나 '관계'를 말할 뿐이다. 그 다수의 구성원도 고정적이지도 않다. 즉, 유동하는 다수다.

또 다수라고 해서 소수의 이해와 요구를 부정하거나 배제할 수는 없다. 1인의 철인왕이나 현명한 소수가 지배하지 않고 인민주권, 즉 모든 사람이 동등한 권한을 갖는다는 생각은 누구나 틀릴 수 있다는 뜻이기도 하다. 누구도 전능하지 않고, 누구도 무능하지 않다는 것이 민주주의의 전제다. "민주주의란 스스로가 옳다고 확신하지 못하는 사람들을 위한 정치체제다." 미국의 정치학자인 엘머 에릭 샤츠슈나이더의 멋진 말이다.

영국 셰필드대학 매슈 플린더스Matthew Flinders 교수는 이렇게 말한다. "민주정치는 다름을 긍정하고 타협을 인정하는 데에 기반하고 있다. 전체주의 정권은 '내가 옳고 너는 틀렸다'고 말한다. 민주정권은 반대로 '너와 나는 서로 믿는 것이 다르다. 그러니 그 다름을 인정하고 할 수 있는 한 서로 배우면서 같이 살자'고 말한다." 그래서 민주정치는 갈피를 못 잡기도 하고, 어수선하고, 시끄럽기 일쑤다.

이런 농담이 있다. 세 사람이 서로 자기 직업에 대한 자부심을 놓고 다투고 있다. 먼저 외과의사가 입을 열었다. "하나님이 아담의 갈비뼈에서 이브를 만들었는데, 이는 외과수술이다." 그러자 건축가가 코웃음을 쳤다. "모르는 소리! 아담과 이브가 탄생하기 전, 혼돈에서 이 우주가 탄생했어. 그것은 일종의 건축이거든." 그러자 한 사람이 빙그레 웃으며 나지막하게 말했다. "어허, 태초의 혼돈을 만든 것은 우리다." 그는 정치가였다. 정치를 비아냥대는 소리이긴 하지만 정치의 속성을 잘 포착하는 우화다.

정치는
타협의 기술이다

정치가 없으면 민주주의가 없다고 했는데, 민주주의가 과잉이면 정치가 사라진다는 점도 지적할 필요가 있다. 영국의 정치학자인 버나드 크릭Bernard Crick, 1929~2008의 이야기부터 들어보자.

"현대의 정치적 지배가 취하는 모습이 어떠하든 대부분의 경우 사회운동으로서의 민주주의는 반드시 존재해야 한다. 그러나 만약 민주주의를 유일한 기본 원리로 받아들이게 되면 그것은 정치를 없애는 결과를 낳는다. 민주주의는 정치의 한 요소일 뿐이다. 민주주의가 전부가 되면 그것은 정치를 파괴한다. 조화를 일체로 바꾸고, 악곡의 테마를 하나의 비트로 축소하는 것과 다름없다."

민주주의와 정치 간에도 긴장이 필요하다는 지적은 대단

히 중요하다. 이렇게 생각해볼 수 있다. 민주주의는 정치적으로 모든 사람이 평등하고, 누구나 다른 생각을 할 수 있다는 것을 전제로 한다. 이 생각의 차이를 누군가 임의적으로 없앨 수는 없다. 누구나 평등하기 때문이다. 따라서 경쟁과 갈등, 토론과 협의가 불가피하다. 경쟁에서 이기기 위해 조직을 만들고, 이 조직화된 소수들 간의 경쟁에서 정당정치가 발생한다. 조직화된 소수가 발전해서 정당이 되었기 때문이다.

이해와 요구를 확인·정립하고, 조직화하고, 설득하고, 공박하고, 숙의하고, 타협하는 과정이 바로 정치다. 그런데 각자의 생각을 이런 정치 과정 없이 기계적 다수결로 처리한다면, 또는 특정 1인에게 조정과 결론을 맡겨버린다면 정치는 사라지게 된다. 다른 한편, 각자 자신의 주장만을 고집하면 어떤 결론도 얻을 수 없다. 정치는 각자가 자신의 생각을 바꿀 수 있다는 전제를 바탕으로 하는 시스템이다. 민주주의 때문에 정치가 사라질 수도 있다는 우려는 깊이 고민해볼 필요가 있다.

서로 다른 생각을 갖고 있으나 그 생각들 간에는 아무런 우열이 없다. 따라서 부득불 정치는 타협이 될 수밖에 없다. 단언컨대 정치는 타협이다. 타협은 자신의 생각을 접는 것이 아니다. 역설적이게도 타협을 통해 결국 자신이 원하는 바를 얻는 것이 바로 정치 문법이다. 막스 베버Max Weber, 1864~1920

가 말하는 책임윤리와 신념윤리에 빗대면 타협 없이 자기주장만 외치는 것은 신념정치고, 타협을 통해 원하는 곳으로 지향해가는 것을 책임정치라 할 수 있다. 서강대학교 전상진 교수의 지적이다.

"신념윤리는 자신의 신념에 다른 모든 요구를 종속시키는 것이다. 신념윤리가에게 중요한 것은 신념과 그것을 실현하려는 행동 자체다. 결과는 안중에 없다.……중요한 것은 오로지 신념의 실천 여부다. 여기서 끝! 결과나 성공 가능성이나 현실성은 신념윤리가의 관심사가 아니다."

평생을 진보적 사회운동가로 지낸 솔 알린스키Saul Alinsky, 1909~1972가 이런 점을 날카롭게 포착하고 있다. "자유롭고 개방적인 사회는 끊이지 않는 갈등 그 자체이며, 갈등은 간헐적으로 타협에 의해서만 멈추게 된다. 타협이 전혀 없는 사회는 전체주의 사회이다. 자유롭고 개방적인 사회를 하나의 단어로 정의해야 한다면, 그 단어는 '타협'일 것이다." 그에게 정치는 타협의 기술the art of compromise이다.

'민주정치는 표의 등가성에서 출발해 다수결로 의사를 정하는 것으로 끝난다.' 이렇게만 생각하는 것은 잘못이다. 이것은 민주주의가 아니라 다수주의다. 다수주의는 다수의 폭정으로 나타날 수밖에 없다. 아무리 다수라고 해도 인권이나 표현의 자유 같은 기본권은 침해할 수 없다. 정치는 어떤 생각이 더 많은지를 세어 보는 검수checking가 아니라 설득과 반박의 토론과 타협을 통해 '더 나은 해법'을 찾아내는 창조creating이기 때문이다. 여기서 다시 정치는 진실을 추구하거나 옳고 그름을 결정하는 것이 아니라는 제리 스토커 교수의 말을 상기할 필요가 있다. 타협의 핵심은 자신의 원래 생각을 바꾸는 것이 아니라 다수를 형성하려는 노력이다. 다수가 공감하거나 동의할 수 있도록 이미 제시된 방안을 계속 조정tuning하는 것이다.

정치는 투명성의 가치와 충돌하기도 한다. 지지자들이 일거수일투족을 지켜보고 있다면, 누구라도 원래 입장에서 벗어나기 어렵다. 자칫 타협이 배신으로 받아들여질 수 있다. 그때에는 타협보다 원칙을 고수하는 것이 정치적으로 바른 처세다. 누군가 나를 대변하거나 대표하는 사람이 내 입장을 굳건하게 지켜주지 못한다면 실망하는 것은 당연하다. 따라서 투명성은 타협의 여지를 없앤다. 빌 클린턴Bill Clinton, 1946~ 대통령이 즐겨 인용한 서양 격언이 있는데, '소시지와 법이 만들어지는 과정은 모르는 것이 좋다'는 말이다.

인간이 복잡 미묘한 존재듯, 정치적 타협의 과정도 다 드러내놓고 설명할 수 없는 거래와 협잡 따위가 있기 마련이다.

모든 것을 하나도 남김없이 드러낸다고 해서 더 좋은 결과를 얻는 것은 아니다. 규칙이라는 것이 때로는 상상력을 제약하고, 창조성을 방해한다는 사실을 기억할 필요가 있다. 타협의 절차는 마땅히 정해놓아야 하지만 더 중요한 것은 타협의 결과물이다. 타협 과정의 투명성보다는 타협의 주체가 누군가를 제대로 대표하고, 그 결과에 책임지도록 하는 시스템이 본질이다. 독일 베를린대학 한병철 교수의 말이 핵심을 짚는다.

"오늘날 사람들이 정치가에게 요구하는 투명성은 정치적 요구와는 아무런 관계도 없다. 이때 요구되는 것은 정치적 결정 과정의 투명성이 아니다. 소비자는 그런 것에는 전혀 관심이 없다. 투명성의 명령은 무엇보다도 정치가를 벌거벗겨 폭로하고 추문 속으로 몰아가는 데 기여할 뿐이다. 투명성의 요구는 추문을 즐기는 구경꾼의 위치를 전제한다. 그것은 참여하는 시민의 요구가 아니라 수동적 구경꾼의 요구다. 참여는 고객 불만 신고, 환불 요청과 같은 형식으로 이루어진다. 구경꾼과 소비자들이 거주하는 투명사회는 구경꾼 민주주의를 수립한다."

이 구경꾼 민주주의에서 권력자는 언론, 더 정확하게는 언론사다. 지금 우리가 목도하고 있는 우리 정치의 현실이다. 바꿔야 한다. (2019년 2월 1일)

진보는
────── 닫히면 죽고 ──────
열려야 산다

멋진 이상과
거친 현실

　　진보든 보수든 이념이란 세상을 이해하거나 살아가는, 또는 바꾸는 방법과 다름없다. 누구나 더 좋은 삶을 살기 위해, 더 좋은 삶이 가능한 사회를 만들기 위해 하나의 논리적 방편으로 만들어진 것이 이념이라는 이야기다. 사상도 마찬가지다. 이념이든 사상이든, 또는 패러다임이든 결국에는 하나의 관점일 뿐이다.

그 이념을 '절대화'해서 교조dogma로 받아들이는 것은 매우 위험하다. 가장 숭배가 철저한 종교에서조차 현실에 조응하는 변화는 불가피하다. 가톨릭catholic의 역사는 사람 사는 세상, 그 세상이 만들어가는 변화에 발맞추기 위해 애쓴 역사다. 교리를 끊임없이 재해석했다. 비록 앞서가기보다는 뒤따라가기 바빴지만 어쨌든 현실의 힘을 거역하지 못했다. 그래서 열린 것이 코페르니쿠스적 전환Kopernikanische Wendung이다. 그럼에도 그것이 부족하다는 이유로 마르틴 루터Martin Luther, 1483~1546의 종교개혁이 일어났고, 크리스천christian의 세계가 열렸다.

아무리 거창한 이상이라도 그것이 현실에 발을 딛고 서지 않으면 허상이 된다. 영어의 유토피아Utopia라는 단어는 2가지 의미를 갖고 있다고 한다. No where와 Now here! '어디에도 없는 것'을 '지금 여기의 실재'로 바꾸려면 현실을 수용해야 한다. 한 시대를 풍미했던 허주虛舟라는 아호雅號를 쓴 정치인이 있었다. 잠시 한담하자면, 허주는 빈 배라는 뜻이다. 이 사람에 대한 호불호를 떠나 참 멋있는 아호다. 신한국당(현재 자유한국당)에서 활동한 김윤환 전 의원이 허주다.

그 허주가 정치를 골프에 비유한 적이 있다. 골프 칠 때 앞에 놓인 공을 보고 스윙하지 먼 필드를 보고 휘두르지 않는다며 정치는 현실에 기반해야 한다고 했다. 맞는 이야기다. 독일의 총리를 지낸 빌리 브란트Willy Brandt, 1913~1992는 비틀어 이렇게 표현했다. "실천적으로 사고하고, 이상적으로 행동하라." 아무리 정교하게 마련된 이상이나 비전이라도 현실의 무궁무진한 변화를 모두 담아낼 수 없다. 그 때문에 현실의 변화에 맞게 이상이나 비전을 조응시켜야 한다. 그렇지 않으면 헛된 약속jam tomorrow에 그칠 뿐이다.

그런데 현실만 보고 더 나은 세상을 꿈꾸지 않는다면 그것은 절망이다. 소수의 강자가 늘 승자가 되고, 그 혜택을 과도하게 누리는 반면 다수의 약자는 패자로서 낙오되고 배제되는 현실이기에 이상과 비전은 필요하다. 이념으로서 진보가 보수와 다른 점이 바로 이것이다. 모름지기 더 나은 세상을 그리고 추구해야 진보다. 여기까지는 쉽다. 난제는 지금부터다. 비전과 이상을 다소 수정하더라도 실현하는 데 치중할 것인지, 아니면 완강하게 애초의 비전과 이상을 고집할 것인지, 이 고민을 피할 수 없다.

이상과 현실 간의 관계를 딱 부러지게 규정할 수 없다. 때에 따라 다르고, 케이스마다 또는 사람마다 다를 수 있다. 다만 정치의 영역에서는 현실에 발을 딛고 이상을 추구하는 것이 전적으로 옳다. 경험적으로 확인되는 사실이다. 현실을 부정하고 이상만 좇다가 실패한 경우는 허다하다. 예컨대 정암 조광조趙光祖, 1482~1519는 이상적 개혁에 무작정 매달리다 실각하고 불꽃처럼 사라졌다. 민주정치는 상대를 인정하는 가운데 자신이 추구하는 바를 구현하는 것이다. 이 정치를 통해 변화를 모색하려면 부득불 현실의 요구를 수용해야 한다.

열림과
닫힘

대한민국의 진보정치 세력은 닫혀 있다. 진보는 본래 새로운 세상으로 열림open을 추구하기에 닫힘close은 진보와 애당초 어울리지 않는다. 그럼에도 이 땅의 진보는 닫혀 있다. 낡은 교조에 매달려 습관적으로 변화를 거부한다. 뭐든 새로운 시도를 해보자고 하면 '안 된다, 하지 마라'는 주문만 외운다. 오랫동안 저항 세력, 소수파minority, 비주류, 야당의 입장에 서 있었기에 수구세력의 온갖 악행을 막고자 이런 행동 양식이 생겨났다. 마땅히 필요했다.

하지만 이제는 집권 세력, 다수파majority, 주류, 여당의 입장이 되었다. 김대중·노무현 정부 때와는 다르다. 의회 의석에서는 여전히 과반에 못 미치지만, 비록 일시적일지라도 세력이나 구도에서는 확연하게 다수파가 되었다. 권력을 잡고 국가 운영과 시대 경영의 키는 이제 진보가 쥐고 있다. 그럼에도 여전히 소수파 열등감minority complex에 긴박되어 있다. 다수파 자신감majority pride을 보여주지 못한다. 여전히 현실에서 생겨나는 혁신의 요구를 받아들이기 주저한다. 단언컨대, 변화에 대한 두려움을 이겨내지 못하면 진보는 절대로 새로운 세상을 만들어낼 수 없다. 정치적 진보의 DNA는 담대한 혁신이다.

낡은 원칙에 집착해 어떤 변화든 '안 된다, 하지 마라'고 하면 더 나은 미래는 열리지 않는다. 성공이든 실패든 도전이 있어야 얻을 수 있는 법이다. 흔히 지옥으로 가는 길은 선의로 포장되어 있다는 속담을 인용하는데, 빗대어 표현하자면 천당으로 가는 길은 악의로 포장되어 있다고 할 수도 있다. 의도와 상관없이 엉뚱한 결과를 낳을 수 있기에 무조건 반대하기보다는 길을 열어주되 올바른 방향으로 갈 수 있도록 제어하는 것이 중요하다. 특히 제어할 힘, 즉 권력을 잡고 있을 때에는 더더욱 변화 친화적인 태도를 가져야 한다. '열린 진보'가 답이다.

왠지 공개적으로 좋아하거나 즐긴다고 말하기 쑥스럽고 때로는 죄책감까지 들지만 찾게 되는 쾌락이 세상에는 제법 많다. 오죽하면 가책 쾌락guilty pleasure을 뜻하는 영어 단어까지 생겨났으랴. 이처럼 옳고 그름을 떠나 현실의 요구가 있다면 그 수요를 무시할 수 없다.

미국의 금주법Volstead Act이 좋은 참고가 된다. 미국인들이 가지고 있는 청교도적 사고방식, 제1차 세계대전에서 적국이었던 독일이 생산하는 맥주에 대한 반감, 발언권이 강해진 여성의 요구를 비롯해 이민자들의 집회 장소로 술집이 이용되었기에 이를 막으려는 속셈 등이 겹쳐서 시행되었다. 하지만 이 법은 나쁜 결과만 초래했다. 밀주 제조와 밀거래가 횡행하고, 마피아와 같은 범죄 조직만 양성했기 때문이다. 술을 허용하되 술 마실 기회를 줄이거나 음주 문화를 개선하는 것이 답이다.

정치를 통해 진보의 가치를 실현하고자 한다면 정치 문법을 수용해야 한다. 정치는 수의 게임이다. 다수를 형성해야 집권할 수 있고, 자신의 주장을 관철할 수 있다. 다수파가 되기 위해서는 어쩔 수 없이 양보하고 타협해야 한다. 다수파가 되기를 고려하지 않으면 그것은 정치 문법이 아니라 운동 문법이다. 운동movement은 다수냐 소수냐 하는 것보다 옳고 그름의 차원이 중요하다. 당장 실현하기보다 안 되더라도 계속 문제를 제기하고 주창해서 분위기를 조성하는 것이 목적이다.

내가 원하는 것을 얻기 위해 상대가 원하는 것을 받아들이는 것이 타협이다. 주고받는 게임, 서로 양보해서 절충하는 게임이 바로 정치다. 내가 다 얻거나 큰 것을 얻고 상대에게는 아무것도 주지 않거나 조금 양보하는 것으로는 타협이 이루어지지 않는다. 정말 꼭 해야 하는 경우면 더 많은 것을 양보하고서라도 타협해야 한다. 단단한 정체의 벽을 뚫고 변화의 단초를 마련하는 것이 절실할 때에는 그렇게 해야 한다. 이 정치 문법은 진보든 보수든, 또는 새 정치든 헌 정치든 피할 수는 없다.

타협이든 혁신이든 변화에 대해 열린 태도가 성패의 관건이다. 타협에 대한 두려움 혹은 익숙하지 않은 변화에 대한 두려움을 이겨내야 유능한 진보나 성공하는 진보가 될 수 있다. 마르크스-레닌주의에 따른 혁명론이 정통으로 대접받던 시절, 선거를 통한 개혁론은 변절로 취급되었다. 개량주의라고 조롱당했다. 혁명이 아니라 개혁을 주장한 것은 현실의 힘을 인정한 진보의 대담한 타협이었다. 그래서 유럽의 복지국가가 만들어졌고, 이 복지국가는 혁명에 의한 사회주의국가보다 나은 것임을 역사적으로 증명했다.

연정聯政은 또 어떤가. 유럽의 진보세력은 보수와의 타협, 즉 연대와 연정을 수용했다. 용기 있는 결단이었다. 독일의 사민당이 대연정에 참여하기로 한 결정을 내렸을 때, 영국의 노동당이 자유당과 손잡기로 했을 때 그들이라고 왜 고민이 없었으랴. 그럼에도 그들은 새로운 세상을 열기 위해 현실과 타협했고, 멋지게 성공했다. 열린 진보가 없었더라면 지금의 복지국가는 없었을지도 모른다. 사실 진보가 보수와 사사건건 다투고 치열하게 경쟁하기는 하지만 보수를 제압하는 것이 목표가 아니다. 최종 목표는 바로 사회경제적 약자들이 더 편하게 살 수 있는 세상을 만드는 것이다.

진보와 보수의 적대적 공존 프레임에서 벗어나야 한다. 보수와의 대결에서 승리하는 데 집착하지 말고, 보수와 다르다는 것을 보여주는 데 연연하지 말고 보통 사람의 삶을 보아야 한다. 더 크게 보고, 더 넓게 합치고, 더 멀리 나아가야 한다. 보수를 이기기 위해 안달할 것이 아니라 세상을 바꾸는 진보가 되어야 한다. 그러려면 어떤 변화를 선택하거나 불가피하게 타협할 때 나중에 맞아 죽을 수 있다는 각오가 필수적이다. 그런 모험 없이 안전한 선택만으로 세상이 더 좋아질 것으로 생각한다면 오산이고 또 오만이다. 더 나은 세상은 진보에 더 많은 결단과 타협을 요구한다.

집권 여당 더불어민주당에서 이런 질문이 있었다. '정권이 바뀌면 자기들 마음대로 할 텐데 그것을 왜 법문에 넣지 않고 시행령에 넣는가?' 정권이 바뀌면 권력을 잡은 그들이 어느 정도 자기들 뜻대로 할 기회를 보장해주는 것이 정권 교체를 제도화한 이유다. 그럼에도 그들이 마음대로 못하게 하고 싶으면 집권 시에 사회세력의 차원에서 힘의 균형을 이루는 제도적 장치를 마련하는 것이 핵심이다. 노동조합의 조직력을 끌어올리고, 노조 등 노동의 정치적 세력화를 뒷받침하는 제도를 마련해주고, 아파트를 주거 공간에서 생활민주주의가 작동하는 삶의 공동체로 만들어주는 제도의 마련 등이 중요하다.

정체성 정치와 다수파 정치

정체성 정치identity politics가 미국 민주당이 소수파로 전락할 이유로 자주 거론된다. 2016년 미국 대선의 민주당 경선에서 힐러리 클린턴Hillary Clinton, 1947~과 치열하게 경쟁했던 버니 샌더스Bernie Sanders, 1941~ 상원의원도 대선 직후 민주당은 정체성 정치와 결별해야 한다고 역설했다. "누군가 '나는 여성이다. 그러니 내게 투표해달라'고 말하는 것은 충분치 않습니다. 우리에게 필요한 것은 월가, 보험회사, 제약회사, 화석연료 산업에 맞설 용기를 가진 여성입니다." 정체성 정치는 사회적 집단이나 정체성에 기반한 정치를 말한다. 성별, 젠더, 종교, 장애, 민족, 인종, 성적 지향, 문화 등이 대상이라고 위키피디아는 설명하고 있다.

최근 발간된 『더 나은 진보를 상상하라』에서 마크 릴라 Mark Lilla, 1956~는 정체성 정치를 통렬하게 비판하고 있다. 그는 미국 민주당이 다수파가 되기 위한 정치가 아니라 정체성을 구현하는 정치에 빠져 보수에 압도적으로 밀리고 있다고 진단한다.

그에 따르면, 진보세력에 의한 정체성 정치는 원래 기대했던 것과 달리 정체성 정치를 통해 구현하고자 했던 바가 실제로 이루어지도록 하는 것을 되레 방해했다. 이 때문에 선거 패배가 습관화되었고, 집권에 성공했으나 다수파를 형성해 진정한 변화를 이끌어내는 데 실패했다는 것이다. 빌 클린턴과 버락 오바마 Barack Obama, 1961~의 선거 승리는 미국 여론의 우경화를 멈추기는커녕 늦추는 역할조차 하지 못했다는 것이 그의 평가다.

마크 릴라의 『더 나은 진보를 상상하라』를 읽다보면 이 땅의 진보세력을 겨냥한 비판인 듯한 느낌이 든다. 대한민국의 진보정치 세력도 어떻게 해서든 다수를 형성해 세상을 실제로 바꾸는 데 힘을 쓰는 '다수파 정치'가 아니라 지향하는 바를 드러내고 그것을 위반하면 나라 망할 듯이 외치는 '정체성 정치'에 빠져 있기는 마찬가지다. 이래서는 선거에서 이기더라도 다수파를 형성하고, 대한민국을 이끌어가는 주류 세력이나 중심 세력이 될 수 없다. 뼈 있는 그의 지적을 더 들어보자.

"저항은 본성적으로 반응이다. 저항은 앞을 내다보기가 아니다. 그리고 반트럼프주의는 정치가 아니다. 나는 진보주의자들이 트럼프의 모든 행보 각각에 대응하는 데 몰두하느라 사실상 그가 원하는 게임을 하게 되는 불상사를 염려한다. 트럼프가 진보주의자들에게 내준 기회를 그들이 잡지(심지어 알아채지) 못하게 되는 불상사를 염려한다. 트럼프가 통상적인 공화당 정신과 그나마 얼마 남지 않았던 원칙 있는 보수주의를 파괴해버린 지금, 경기장은 텅 비어 있다. 살아 있는 사람들이 기억하는 세월을 통틀어 최초로 우리 진보주의자들 앞에 이렇다 할 이데올로기적 적수가 없는 상황이 벌어진 것이다. 그러므로 우리가 트럼프 너머를 바라보는 것이 결정적으로 중요하다. 남아 있는 유일한 적수는 우리 자신이다. 그리고 우리는 자기 발목 잡기의 달인들이다. 우리 진보주의자들이 전국 곳곳의 더없이 다양한 삶의 현장에 속한 사람들에게, 그들은 운명 공동체이며 단결할 필요가 있다는 확신을 심어주는 방식으로 발언할 필요가 있는 이 마당에, 우리의 수사법은 독선적인 나르시시즘을 부추긴다. 정치의식과 전략 수립이 필요한 이 시점에, 우리는 정체성에 관한 상징적 드라마들에 에너지를 소비하고 있다."

반보수가 진보정치의 본령이 아니다. 마크 릴라는 차라리 그것은 정치에 반하는, 즉 반정치라고 단정한다. 정치는 누군가에 반대하는 것이 아니다. 뭔가를 이루려고 하는 것이 정치다. 그래서 정치의 심장은 전략이라고 하는 것이다. 따라서 누군가에 반대하는 것에만 매몰되면 그것은 반정치라고 해도 과언이 아니다. 달리 표현하면, 어떻게 해서든 다수를 형성하고자 하지 않는다면 그 또한 반정치다. 다수파가 되든 말든 상관없이, 어쩌면 그것을 방해하면서까지 자기표현에만 집중하는 정체성 정치는 반정치이거나 양보해도 유사정치pseudo-politics에 불과할 따름이다. 마크 릴라는 이렇게 말한다. "민주정치의 관건은 설득이지, 자기표현이 아니다."

정체성 정치는 특성상 어쩔 수 없이 타협을 꺼리게 된다. 정체성을 지키기 위해서는 일체의 타협도 거부해야 한다. 순수와 순교는 미덕으로, 타협은 변절이나 배신으로 간주된다. 이는 정치 문법과 배치된다. 정치는 나 아닌 다른 사람, 내 가치 아닌 다른 가치의 존중을 전제로 한다. 그 때문에 대화, 양보, 타협, 절충, 공존이 불가피하다. 상대적으로 작은 집단 minority group의 특별한 정체성을 배타적으로 고집하는 사람에게 정치는 자기표현의 수단일 뿐 다수파 여부는 관심 밖이다.

그래서 마크 릴라는 책의 맨 앞머리에 에드워드 케네디 Edward Kennedy, 1932~2009 전 상원의원의 말을 적시해두고 있다. "노동에 관심을 기울이는 정당과 노동당은 다르다는 점을 이해해야 한다. 여성에 관심을 기울이는 정당과 여성당도 다르다. 우리는 소수 정당이 되지 않으면서도 소수자들에 관심을 기울이는 정당일 수 있으며 그런 정당이 되어야 한다. 우리는 우선 시민이다." 이 말에 대한 부연 설명이 곧 마크 릴라의 『더 나은 진보를 상상하라』다.

마크 릴라는 정체성 정치는 정치적 기획이 아니라 복음주의적 기획이라고 규정하면서 이렇게 일갈한다. "복음주의의 핵심은 권력을 향해 진실을 말하는 것이다. 정치의 핵심은 권력을 장악하여 진실을 방어하는 것이다." 무릇 진보를 표방한 정치인이나 정치세력이라면 '다수파 형성, 선거 승리, 담대한 열림, 더 나은 세상 구현'을 추구해야 한다. 그의 지적은 민주당을 포함해 진보 진영의 인사들에게 던지는 통렬한 비판이자 따끔한 충고다.

덤으로, 그의 지적 중 새겨들을 만한 대목을 하나 더 언급

한다. 문제를 정치적으로 풀지 않고 법정으로 가져가는 행태에 대해 이렇게 비판한다.

"법원에 호소하는 것은 시민권 운동 초기에 필수 전술의 하나였지만, 그때 이후 진보주의에 대한 대중의 평판에 심각한 악영향을 끼쳐왔다. 이 전술은 모든 의제를 협상의 여지가 없는 불가침의 정의에 관한 문제로 간주하는 습관을 진보주의자들에게 심어주었다. 또한 이 전술은 불가피하게 반대자들을 다른 견해를 지닌 동료 시민들이 아니라 부도덕한 괴물들로 낙인찍어서 내친다. 더 나아가 이 전술은, 사람들이 서 있는 자리를 확인하고 그들을 설득하려 애쓰고 사회적 합의를 형성해가는 끈기 있는 작업에서 진보주의자들을 해방시켰다. 그 작업이 모든 사회정책의 가장 확고한 토대인데도 말이다."

정치에는
용기가 필요하다

2018년 9월 하순, 스페인과 포르투갈을 방문했다. "해가 뜨면 내일이 되는 것이 아니라 / 육즙 빠져 쭈그렁 바가지가 된 시간이 / 고요에 무르익어야 내일이 뜨기에, / 시간을 고요에 헹구지 않으면 오늘은 반복일 뿐 / 내일의 다른 시간이 뜨지 않기에." 백무산의 시 「고요에 헹구지 않으면」에 나오는 대목이다. 생각을 고요에 헹구는 좋은 시간이었다.

방문 중에 만난 두 사람이 기억에 남아 있다. 한 사람은 킥보드를 만드는 분인데, 한국에서는 규제 때문에 사업이 어려워 활로를 개척하러 왔다고 했다. 또 다른 사람은 어릴 적 유학을 다녀온 분인데, 유학 동료들이 다들 한국에 돌아오지 않으려 한다고 씁쓸해했다. 두 사람이 전한 메시지는 한국이 답답한 나라로 전락하고 있다는 것이었다. 진보를 표방한 정치인으로서 마음이 무거워지는 숙제로 다가왔다.

지금 대한민국은 진보에 맡겨져 있다. 그런데 그 진보를 표방한 정치세력은 여전히 닫혀 있다. 용기가 없다. 정치를 잘 모른다. 상상력이 부족하고, 결단력은 모자란다. 낡은 교조에 빠져 현실에서 생겨나는 온갖 혁신의 움직임과 변화의 몸부림을 받아들이는 데 주저하고 있다. "배는 항구에 정박해 있을 때 가장 안전하다. 하지만 그것이 배가 만들어진 이유는 아니다." 파울로 코엘료Paulo Coelho, 1947~의 『순례자』에 나오는 구절이다. 제자리걸음으로는 결코 앞으로 나아갈 수 없다.

좋은 예가 있다. 인터넷전문은행 특례법을 둘러싼 더불어민주당 내 갈등이다. 2018년 10월 어렵사리 법이 통과되기는 했지만, 이 법의 내용을 놓고 더불어민주당 내에서 벌어진 갈등은 대한민국에서 진보를 표방한 정치세력의 문제점을 정확하게 드러내고 있다. 어떤 식으로든 금산분리 완화는 안 되며, 이 법이 자칫 특정 기업에 특혜를 줄 수 있으니 안 된다는 지적도 충분히 타당하다. 특정 은행이 재벌의 사금고화되는 것을 막는 것이 금산분리의 목적인데, 이 법에 따르면 그럴 가능성이 없다. 그뿐만 아니라 특정 기업에 특혜를 주는 일은 없을 것이라는 반론도 수긍할 만하다.

그런데 더불어민주당은 권력을 잡고 있는 세력이다. 현실에서 인터넷전문은행을 활성화해야 하고, 현실적으로 합의 가능한 방법이 제한적이라면 타협할 용기를 내야 한다. 그 법에 따라 어떤 결과가 만들어질지는 권력을 잡은 더불어민주당 하기 나름이다. 과정을 관리하고, 좋은 결과를 내도록 하라고 국민이 준 것이 바로 권력 아닌가. 어떤 흐름이든 가능하면 물꼬를 터주어야지 무조건 막는 것은 하책이다. 철 지난 교조에 얽매여 무조건 '안 돼'라고 하는 완강한 태도에서 정체성 정치의 흔적을 느꼈다면 과민한 탓일까? 그랬으면 좋겠다.

진보가 열망했던 것 중에 일부 잘못 판단한 것으로 드러난 것도 없지 않다. 단적인 예가 로스쿨의 도입이다. 크게 보면 로스쿨의 도입은 득보다 실이 많다. 이런 사례를 통해 진보는 교훈을 얻어야 한다. 다름 아닌, 우리가 오랫동안 견지해온 원칙이라도 현실의 요구에 따라 열린 자세를 가져야 한다는 것이다. 교조주의dogmatism는 안 된다. 과거에 대한 향수를 넘어 수구일 뿐이다. 과거를 그리워하는 것은 자살행위라며 던지는 마크 릴라의 충고는 묵직하다.

"당신이 듣는 말들을 우익 미디어가 조장한 편견 탓으로 무턱대고 돌리지 말라. 틀린 주장을 뒷받침하는 설명을 들으려 노력하고 혹시 그 설명을 실마리로 그들에게 다가갈 수 없을까 숙고하라."

진보는 제자리걸음 하지 말고, 두려움 없이 앞으로 나아가야 한다. 진보는 최소한 정치에서 닫히면 죽는다. 열려야 산다. 결국 열린 진보만이 답이다. 새로운 세상으로 나아가려는 열린 진보에 들려주고 싶은 프랭클린 루스벨트의 말이 있다. "우리가 두려워할 것은 두려움 그 자체뿐이다The only thing we have to fear is fear itself." (2018년 11월 1일)

타협의 정치,
긍정의 정치

정치는 서로 주장하며
다투는 것이다

국회의원이 되고 나서 많은 것이 달라졌다. 비평할 때는 한 발 떨어져서 네 편 내 편 가리지 않았다. 잘한 것은 잘했다, 못한 것은 못했다고 했다. 그래서 사이다란 별명도 얻었다. 그런데 이른바 배지를 달고 나서는 거의 모든 것이 달라졌다. 옳은 소리를 한다고 해도 어느 당 소속 혹은 누구 편이라는 프레임으로 '다르게' 이해되고, '틀린' 주장으로 받아들여졌다. 그 말의 내용보다는 누가 한 말인지 따지는 세상, 많이 불편했다.

누구나 같은 생각을 한다면 정치가 필요 없다. 누구나 동등하지 않다면 역시 정치가 필요 없다. 사람도 동등하고, 생각도 동등한 것으로 전제할 때 민주정치의 공간이 열린다. 다른 생각을 가진 사람들이 몇 개의 그룹으로 나뉘어 내 생각이 더 낫다고 주장하며 다투는 것이 정치다. 사람과 생각을 나누는 대표적인 그룹이 바로 정당이다. 그러니 어떤 주장을 하는 정치인이 어느 정당에 속해 있는지를 보고 그의 주장을 따지는 것은 당연하다. 그렇다면 불편해하는 것이 잘못일까?

정치는 네거티브 게임이 아니라 포지티브 게임이다. 일방이 일방을 제압하거나 무찌르는 승패의 제로섬 게임이 아니다. 선거를 통해 이기고 지는 것이 판가름 나지만 그렇다고 해서 승자만 살아남고 패자는 사라지는 것이 아니다. 승자에게 이니셔티브initiative와 페이버favour 등 제한적인 권한을, 그것도 단지 일시적으로 부여할 뿐이다. 다수가 소수를 억압하고 소멸시킬 수 없듯이 승자도 패자를 존중하고 배려해야 한다. 그것이 민주정치다.

정치는 편을 나눠 시끄럽게 다투되 공존을 도모해야 한다. 이겼다고, 강하다고, 부자라고 독식하면 민주정치는 죽는다.

정당끼리 치열한 경쟁은 불가피하지만, 그것이 생사나 존망을 건 전쟁은 아니다. 편을 나눠 싸우는 것은 정치 과정일 뿐 목적이 아니다. 무릇 정치의 목적은 공존이고 상생이다. 치열하게 경쟁하되 결국에는 같이 사는 길을 모색하는 것이 정치라는 뜻이다. 이렇게 보면 어느 편이나 진영에 속해 있다고 해서 그 정치인이 무조건 당과 진영의 입장을 따를 필요는 없게 된다. 우리 헌법에도 "국회의원은 국가이익을 우선하여 양심에 따라 직무를 행한다"(제46조 제2항)고 되어 있다.

요약하면 이렇게 된다. 정치가 편을 나눠 경쟁하는 것이니 정치인의 주장을 따질 때 정당 요인을 고려해야 하지만 그것만으로 그의 주장을 재단해서는 안 된다. 평가하는 사람도 이래야 하지만, 말하는 정치인도 양심에 따라야 한다. 막스 베버가 『소명으로서의 정치』에서 정치인의 자질 중 균형 감각을 가장 중요하게 여긴 이유이기도 하다. "균형적 판단은 내적 집중력과 평정 속에서 현실을 받아들일 수 있는 능력이자, 달리 말하면 사물과 사람에 대해 거리를 둘 수 있는 능력을 말한다."

정치인, 특히 국회의원이라면, 자신이 속한 정당의 입장을 충분히 고려해야 한다. 이것은 숙명이다. 그렇다고 해서 당의 입장만 추수追隨하는 앵무새가 되면 곤란하다. 국가이익을 우선해 양심에 따라 말하고 행동해야 한다. 이것은 의무다. 숙명과 의무 사이에서 적절한 균형을 찾는 노력이 쉽지는 않지만, 좋은 국회의원이 되려면 피할 수 없는 업이다. 그러니 불편한 것은 당연하다. 문제는 정치를 통해 이런 불편함을 세상을 바꾸는 에너지로 승화시켜내는 의지와 능력이다. 좋은 정치를 하는, 꼭 필요한 국회의원이 될지 그저 그런 정치를 하는, 있으나 없으나 매한가지인 국회의원이 될지는 거의 전적으로 여기에 달려 있다.

욕먹는 정치,
자업자득이다

무엇을 해도 욕먹는 자리! 짐작하듯이 국회의원을 두고 하는 말이다. 오죽하면 요즘에는 '국개의원'이란 말까지 등장했다. 기자를 '기레기'라 부르는 것과 같은 맥락이다. 국회의원은 누구에게도 씹히는 일종의 국민적 욕받이가 된 것 같다. 솔직히 이렇게 욕먹는 자리인 줄 몰랐다. 오죽 욕을 많이 먹으면 국회의원들도 스스로 욕을 안 먹을 때는 이상하게 여길 정도다.

차분히 생각해보면 정치의 기본 구조상 정치인들은 욕을

먹을 수밖에 없다. 줄 수 있는 것은 한정되어 있는데 모든 사람이 달라고 하니 전체를 만족시키기란 대단히 어렵다. 받은 사람은 당연하다 여기고 못 받은 사람은 억울하다 여긴다. 당연하게 받아들이는 사람은 굳이 말하지 않고, 억울한 사람은 소리치며 억울함을 토로한다. 그 때문에 정치가 어떤 결론을 내든 소리치는 국민에게 욕먹는 것은 어쩔 수 없다.

민주정치에서 주요 행위자는 대통령(또는 수상)과 의회다. 대체로 대통령이나 수상보다 의회가 더 욕을 먹는다. 왜 그럴까? 답은 간단하다. 민주정치의 기본 구조가 그렇기 때문이다. 대통령이나 수상은 1인이고 의회는 그보다 훨씬 많은 다수다. 1인은 자신이 결심하면 그만이지만 다수는 토론과 타협의 과정을 거쳐야만 결론을 내릴 수 있다. 그만큼 느리고 시끄럽고 복잡하다.

여기에다 행정과 입법의 차이도 있다. 행정은 실행하는 것이니 단순하다. 입법은 여러 이해당사자의 입장을 고려해야 한다. 간명하고 신속한 행정의 대통령이 느리고 시끄러운 입법의 의회보다 인기가 있으니, 반대로 의회와 국회의원이 욕먹는 것은 어떻게 보면 당연지사다.

그런데 민주사회는 효율성만 추구하면 끝나는 것이 아니다. 민주주의의 본령은 민주성이다. 느리고, 시끄럽고, 복잡하다고 해서 의회를 경시하며 없는 것이 더 낫다고 여기게 되면 민주주의는 위태로워진다. 1인보다는 2인, 2인보다는 10인, 10인보다는 100인이 결정하는 것이 민주적이다. 대통령이나 수상보다는 의회가 민주적이라는 이야기다. 그래서 대통령제를 채택한 미국에서도 제도적으로는 의회가 우위primacy를 누리고 있는 것이다. 한 사회의 민주성은 의회의 위상과 역할에 달렸다고 해도 과언이 아니다.

그렇다면 우리 정치와 국회가 욕먹는 것에 대해 부끄러워할 필요가 없는 것일까? 그렇지 않다. 욕먹어도 싸다. 2가지 이유만 지적하고 싶다. 정권 교체가 이루어져도 보통 사람들의 삶이 달라지는 것이 없기 때문이다. 이러면 정치 효능감을 갖기 어렵다. 정치 불신만 쌓인다. A 정당에서 B 정당으로 정부가 넘어갔다면 달라지는 것이 있어야 한다. 유럽의 어떤 나라는 어떤 정당이 집권하느냐에 따라 유학생의 삶마저 달라진다고 한다.

다름 혹은 삶의 변화가 없다면 정권을 바꿀 이유도, 나아가 선거를 할 이유도 없다. 그때는 힘들었지만 지금은 좋거나, 그때는 좋았는데 지금은 힘들거나 해야 선거할 맛이 난다. 우리 정치는 지금까지 그것을 제대로 보여주지 못했다. 문재인 정부 들어서서 남북관계에서부터 정부가 국민을 대하는 태도까지 많은 점에서 다름을 보여주고 있다. 분명한 정치발전이다.

또 다른 이유는 정치가 삶의 문제를 다루지 못하기 때문이다. 정치는 사회 구성원의 삶을 규율한다. 생활의 규칙을 정하는 것이 정치다. 그런 정치가 내 삶의 문제가 아니라 엉뚱한 문제를 놓고 죽기 살기로 싸우는 꼴을 보고서도 정치를 좋아할 사람은 없다. 그야말로 먹고사는 문제를 놓고 갑론을박하고 옥신각신할 때 보통 사람들도 정치를 쳐다보고 정치에 관심을 갖게 된다. 거창한 이념 논쟁이나 파벌 다툼, 자리싸움 때문에 국회가 공전하고, 법안 처리가 지연될 때 국민들이 화를 내는 것은 주권자의 마땅한 권리다.

지금 우리 정치와 국회가 욕먹는 것을 민주정치의 구조에서 비롯된 것으로 치부해서는 안 된다. 잘못해서 먹는 욕이다. 누가 집권해도 내 삶이 달라지는 것이 없고, 정치가 내 삶의 문제를 다루지 않기 때문이다. 다른 민주국가에서도 정치는 욕먹는다고 하면서 외면할 일이 아니다. 정치를 바꾸는 데 정치인들이 앞장서야 한다. 정치인들이 하는 것이 정치가 아니라 정치를 하는 것이 정치인 아니던가.

다수력이 아니라
다수결이다

'가'안과 '나'안을 놓고 여론이 나뉘었다. 팽팽하게 맞서고 있는 형국, 누군가 다수결로 결론을 내자고 한다. '가'안을 지지하는 사람이 51퍼센트, '나'안을 지지하는 사람이 49퍼센트다. 곧바로 투표를 통해 '가'안을 선택하는 것이 다수결 원리에 부합하는 것으로 본다면 오해다. 다수결이 다수 의견에 따르자는 것이기는 하지만, 더 많은 다수가 동의하는 결정을 내리기 위해 대화하고 타협하는 숙의 과정을 거쳐야 한다는 것이 본질이다.

'가'안의 일부를 수정해 '다'안을 만들고, '나'안이 '가'안의 일부를 받아들여 '라'안을 만들었을 때 '다'안에 대한 찬성이 60퍼센트를 넘을 수도 있고, '라'안이 70퍼센트가 될 수도 있다. 또 다른 '마'안이 80퍼센트 지지를 얻을 수도 있다. 원안原案에서 시작해 토론과 타협을 거쳐 수정 또는 대안을 만들어가는 과정, 내가 틀릴 수 있고 상대가 맞을 수도 있다는 전제하에 협의를 통해 더 많은 사람이 동의하는 대안을 만들어가는 과정, 이것이 다수결 원리의 본래 뜻이다. 물론 마냥 시간을 끌 수 없으니 어느 순간에는 결론을 내야 하지만,

대화와 타협의 과정 자체를 생략하는 것은 다수결決이 아니라 다수력力이다. 다수가 힘으로 밀어붙이는 강압과 다름없다는 의미다.

다수를 형성하는 과정에서 중요한 것은 정치적 중도political center의 존재다. 정치적이라 함은 이념을 뜻하지 않기 때문이다. 정치적으로 좌우 또는 양편을 중재하거나 타협을 일궈내는 입장을 말한다. 각각의 진영에서 정치적 중도가 존재할 때 대화도 풍부해지고, 타협도 이루어질 수 있다. 이른바 양극 정치polar politics는 양측의 극단적 대립을 조장하고, 그것을 통해 생존을 도모하는 정치다. 적대적 공존의 다른 이름이다. 지금 우리 정치가 이 길로 가고 있어 걱정이다.

정치적 중도가 존재하고, 그를 통해 타협을 이루어냄으로써 한 사회의 발전을 도모하는 것이 정치의 실상이다. 흔한 무지 중에 하나가 진보정당이 압도적 다수 의석을 가지고 힘으로 밀어붙여 유럽의 복지국가를 만들어냈다는 것이다. 하지만 실제는 정반대다. 과반 의석을 갖지 못한 사민주의 정당 또는 중도좌파 정당이 연정 등 연합 정치를 통해 복지국가를 만들어냈다. 연합 정치는 제도화된 타협을 뜻한다. 거칠게 단순화하면 복지국가는 정치의 산물, 즉 진보세력이 타협을 통해 이루어낸 성과다. 이 역사적 사실을 우리는 잊지 않아야 한다. 정치는 타협이다. 타협을 통해 원하는 바를 얻어야 하기 때문에 정치에서는 전략이 중요하다.

정치적 중도의 존재를 부정하는 흐름이 있다. 좌든 우든, 또는 진보든 보수든 근본주의 흐름이 있기 마련이다. 일체의 타협을 배신으로 간주한다. 타협을 죄악시하면서 '전부 아니면 전무'를 추구한다. 역사를 보면 사회는 타협을 통해 진보해왔다. 배타적 승리를 통해 사회가 발전해온 것이 전혀 아니다. 배타적 승리를 추구하면 독선에 빠지고, 독재의 유혹에 취약해진다. 그런데 최근 정치적 중도의 존재나 타협을 부정하는 사회적 흐름이 강화되고 있다. 각 진영의 근본주의자들이 일체의 양보를 가로막고 있다. 이들의 강박을 제어하는 것이 한국 정치의 미룰 수 없는 현실적 과제 중 하나다.

2016년 정치에 입문한 지 얼마 되지 않아 이른바 '문자 폭탄'을 받았다. 특정인의 공천 탈락에 관여했다는 오해를 받은 탓이다. 처음 받아보는 문자 폭탄은 '멘붕'을 불러왔다. 충격이 며칠이나 갔다. "이완용보다 나쁜 놈"이라는 문자는 아직도 그 충격이 생생하다. 내가 나라 팔아먹은 이완용보다 나쁘다고? 억울했다. 욕설에 저주, 이런 문자는 테러와 다름없고, 민주주의를 위협한다고 생각했다. 지금도 욕설이나 저주, 인격 살인 등의 문자는 의견이 아니라 폭력이라고 생각한다.

다른 한편으로 다시 생각해보는 대목도 있다. 과거 노동자를 비롯한 사회경제적 약자들은 편지나 유선전화로 정치인에게 항의하는 캠페인을 조직했다. 그것이 효과를 발휘해 진보적 정책 결정을 이끌어낸 것도 어김없는 사실이다. 그렇다면 스마트폰 시대에 문자는 그때의 편지나 유선전화를 대체한 것이 아닐까? 정치인에게 접근하는 측면에서 편지나 유선전화보다 스마트폰이 훨씬 더 간편하고 강력하기는 하지만, 유권자의 정치적 의사 표현인 것은 분명하다.

잘못된 정보, 이른바 가짜 뉴스 때문에 받는 문자 폭탄이 적지 않다. 그렇더라도 문제는 문자 폭탄이라기보다는 가짜 뉴스가 진짜 뉴스처럼 유통되는 소통 환경이다. SNS가 민주주의를 위협할 수 있다는 분석은 이 점을 지적하는 것이다. SNS가 사회적 소통이 아니라 사회적 단절의 매개가 되는 것도 문제지만, 그렇게 되도록 방치한 것도 결국은 정치의 책임이다. 누구를 탓하랴. 스마트폰 시대에 걸맞은 사회적 소통 환경을 법적·제도적으로 만들어내는 것은 전적으로 정치의 몫이다.

어느 시대, 어느 사회든 조직화된 소수organized minority가 요란하게 떠들면서 불가피하게 선도적 역할을 한다. 문제는 사회화 과정이다. 이들의 주장이 결실을 맺기까지 얼마만큼의 사회적 비용을 치를지, 아예 한여름 밤의 소동으로 끝나게 될지는 정치인에게 달려 있다. 정치인으로서 '닥치고 거부'는 어리석고, 무조건 편승은 나쁘다. 잘 추리고 벼려서 스마트폰과 SNS 시대에 맞는 사회적 소통 환경을 만들어내는 좋은 정치가 절실하다.

지금은 좋은 국회의원이 필요한 때

2016년 1월 20일 더불어민주당에 입당하면서 이런 입장을 밝혔다.

"고민이 적지 않았습니다. 방송인으로 어렵게 일궈낸 성과를 뒤로 하는 것도 솔직히 아까웠고, 제가 정치를 한다고 해서 정치가 바뀔지, 제가 비판했던 만큼 정치를 잘할 수 있을지 생각했습니다. 흔쾌히 그렇다는 답을 얻은 것은 아니지만 그래도 한 번은 여한 없이 싸워봐야 비록 실패하더라도 후회가 남지 않을 거라는 결론을 얻었습니다. 정치가 중요하다고 한 그간의 제 말에 대해 이제 책임져야 하지 않느냐는 아내의 조언도 와닿았습니다.

아주 건방진 이야기지만, 국회의원이 목표는 아닙니다. 정치권에 몸담을 때나 밖에서 지켜볼 때나 국회의원이 그렇게 멋있어 보이지는 않았습니다. 더 솔직히 말하면, 국회의원이 정치를 독점하는 것이 늘 불만이었습니다. 그렇다고 좋은 국회의원의 역할을 폄훼하지도 않습니다. 한 번도 해보지 않은 놈이 그런 오만을 떨고 싶지는 않습니다. 제대로 한다면 국회의원의 역할은 참 많고, 소중합니다. 될지 안 될지 모르지만, 길을 지나가다 우연히 마주친 시민이 고생한다고 아메리카노 한 잔 사주며 더 잘하라고 격려하는 그런 국회의원이 되고 싶습니다.

밖에서 본 더불어민주당은 참 부족하고, 부실하고, 부유하는 정당이었습니다. 하지만 어떤 유력한 개인보다 정당이 중요하다는 것이 저의 지론입니다. 진보를 표방한 정치세력이 유능해야 한 사회의 질이 좋아진다는 것은 제 소신입니다. 복지국가를 이룩한 모든 나라에는 예외 없이 튼실한 개혁정당이 존재하고 있습니다. 좋은 정당이 있어야 진보가 정치적으로 유능해지고, 그럼으로써 더 좋은 사회를 만들 수 있다고 믿습니다. 제가 더불어민주당에 다시 돌아오는 이유입니다. 지금은 비록 많이 못났지만 이미 일상 속에 뿌리를 내리고 있는 이 정당을 바로 세우는 것이 현실적인 선택입니다. 더불어민주당이 누구의, 어느 계파의 정당이 아니라 사회경제적 약자들의 편을 드는 든든한 버팀목으로 바뀌기를, 그 속에 제 역할이 있기를 소망합니다.

평소에 정치는 타협이고, 긍정이고, 민생이라고 생각해왔습니다. 나만이 옳다는 자세가 아니라 나도 틀릴 수 있다는 자세로 타협하는 용기를 가져야 합니다. 상대를 부정하는 것이 아니라 존중하고 배려해야 합니다. 1원 1표의 시장원리에 신음하는 보통 사람들의 먹고사는 문제는 1인 1표의 정치 시스템으로 풀어주어야 합니다. 지향하는 가치와 이념은 좌표일 뿐 무능을 변명하는 알리바이가 될 수 없습니다.

정치 편론이 아니라 정치 평론을 하자고 다짐했던 그 마음, 어떤 경우에도 대중의 눈높이로 보려고 했던 그 마음을 얼마나 지켜낼 수 있을지 모르겠습니다. 다만 '저놈도 정치판에 들어가더니 다른 게 없다'는 소리만은 듣지 않도록 자계하고, 또 자계하겠습니다. 못난 놈이 될지언정 나쁜 놈은 되지 않겠습니다. 핫hot하게 붙어보고, 지면 쿨cool하게 사라지겠습니다. 고맙습니다."

돌이켜보니 약속한 만큼 제대로, 또 열심히 해왔는지 영 자신이 없다. 평소 국회의원의 정치 활동은 3가지로 구성된다고 생각해왔다. 의회정치, 정당정치, 대중정치. 의회정치는 국회에서 상임위원회 활동, 입법과 예산 심의를 말한다. 정당

정치는 당직이나 선거에서 하는 역할 등 당에 필요한 일을 하는 것이다. 대중정치는 방송 출연이나 강연 등을 통해 대중과 소통하는 활동이다.

현재의 우리 정치 시스템에서 국회의원이 되기 위해서는 길에서 알아봐줄 정도로 유명하든가 공천에 영향을 줄 힘이 있는 실력자의 손을 빌려야 한다. 이철희라는 '듣보' 또는 비재非才가 국회의원이 된 것은 거의 전적으로 방송 활동으로 인한 유명세 덕분인지 모른다. 가진 실력이나 내공과 무관하게 방송이 없었더라면 대중이 이철희라는 인물을 어떻게 '발견'했으랴. 그래서 의정 활동과 정당 활동으로 실력을 평가받고 싶은 욕구가 컸고, 그 때문에 방송 출연을 자제했다. 대략 10번의 요청에 1번 정도 응했다.

제20대 총선에서 당의 전략기획본부장과 종합상황실장으로 승리에 기여했으니 정당 활동에서 낙제점은 면했지 싶다. 의정 활동의 성적이 나쁘지 않다. 제20대 국회에서 의정 활동 뉴스와 관련해 신문 1면 등장, 방송 뉴스 출연과 인터뷰에서 가장 많은 횟수를 기록했다. 특히 그간 은폐되었던 국군기무사령부와 경찰의 댓글 공작을 밝혀냈고, 국군기무사령부의 대대적인 개혁으로 이어진 소위 계엄령 문건을 공개한 것은 소중한 성과이자 보람이다(이 때문에 2018년 9월 11일 군의 정치

개입 수단으로 활용되었던 위수령이 폐지되었다. 한편 국군기무사령부는 해체되고, 2018년 9월 1일 군사안보지원사령부가 창설되었다).

좋은 제도와
좋은 정치

좋은 제도가 좋은 정치를 보장하지는 않지만, 좋은 제도 없이 좋은 정치가 이루어지기란 쉽지 않다. 이제 우리 정치는 적폐청산을 넘어 제도 개혁으로 가야 한다. 정치가 사회경제적 약자들의 고단한 삶을 보살피는 기제가 되려면 정치의 작동 방식을 바꿔야 한다. 역사상 좋은 정치가 이루어낸 성과 중의 하나가 복지국가다. 이 복지국가는 복지정치, 즉 비례대표제와 강한 노동조합과 유능한 진보정당이란 조건 속에 연합 정치로 건설되었다. 시작이자 핵심은 선거제도 개혁이다. 이제는 다수대표제에서 비례대표제로 가야 한다. 그래야 '더 좋은 세상'을 만드는 동력을 새롭게 만들어낼 수 있다.

제도 개혁에서 국회의원이 할 수 있는 역할의 전형은 미국의 로버트 와그너Robert F. Wagner, 1877~1953 전 상원의원에게서 찾을 수 있다. 1935년, 뉴욕주 출신 상원의원이던 그는 보수 성향 대법원의 위헌 판결로 뉴딜개혁이 중대 기로에 선 시점에서 일명 '와그너법'이라 불리는 노동관계법을 발의했다. 미국 노동운동의 신기원을 연 이 법은 노조의 설립을 쉽게 하고, 노조의 단결권과 단체교섭권을 보호함으로써 노동이 자본에 맞설 수 있는 상쇄 세력countervailing force이 되게끔 해주었다. 뉴딜개혁의 성공은 프랭클린 루스벨트 대통령의 담대한 리더십, 로버트 와그너 의원의 노동법과 사회보장법 발의 등 이런 노력들에 의해 형성된 뉴딜연합 덕분이다.

우리에게 지금 필요한 것이 약자의 힘을 키워 사회적 역학관계를 재조정하는 제도 개혁이라면 이는 부득불 입법을 통할 수밖에 없다. 2018년 6월 지방선거를 기점으로 바야흐로 입법의 타임이다. 이제부터는 좋은 국회의원의 역할이 너무도 크다. 좋은 법안을 마련하는 것과 그것을 통과시키는 유능한 정치는 시대적 요청이다. 로버트 와그너처럼 시대를 바꾼 신의 한 수까지는 아닐지라도 사회 지형을 바꾸거나 보통 사람들의 삶을 더 낫게 만드는, 혹은 기술의 진보에 맞춰 사람들이 생각과 행동을 새롭게 할 수 있도록 환경을 조성해주는 법을 만드는 것이 국회의원이 해야 할 좋은 정치다. 나도 국회의원, 다시 힘을 내야겠다. (2018년 9월 1일)

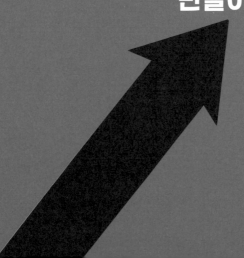

제2장

유능한 정치인은
어떻게
만들어지는가?

대통령은 ──어떻게── 성공하는가?

대통령직의
저주

　　한마디로 처참하다. 초대 대통령 이승만은 부정 선거에 대한 시민의 저항으로 하야했다. 18년 동안 강압 통치한 박정희 대통령은 자신의 총신龍臣이 쏜 총에 저격 당해 사망했다. 노무현 대통령은 후임 이명박 정부의 보복 수사 때문에 극단적 선택으로 내몰렸다. '하나회' 출신으로 쿠데타를 일으켜 나란히 집권한 전두환과 노태우 대통령은 감옥살이를

했다. 지금 생존해 있으나 오역恘逆의 상징으로 얼굴을 들고
다니기도 어렵다.

박근혜 대통령은 탄핵으로 파면 당했고, 지금은 영어圉圄
의 몸이다. 이명박 대통령은 유죄를 선고 받고 복역하다가 보
석으로 풀려났다. 대통령을 지낸 사람 중에서 퇴임 후 조용하
게 지낸 사람은 단둘뿐이다. 김대중 대통령과 김영삼 대통령!
이쯤 되면 대통령 자리는 하라고 해도 손사래를 쳐야 하는 것
이 차라리 합리적 선택이다.

현행 헌법을 바꾸지 않는 한 대한민국을 이끌어가는 권력
자는 대통령이다. 그렇다면 이런 비극을 없애고, 어떻게 하면
'성공한' 대통령이 나오게 만들지 고민하지 않으면 안 된다.
잘못하다가는 자칫 '대통령직의 저주curse of presidency'라고 불
러도 좋은 불행한 패턴이 반복될 수도 있기 때문이다. 또 가
장 앞에서, 가장 큰 힘으로 이끌어가야 할 대통령의 실패는
곧 나라와 국민에게 나쁜 결과를 미치기 때문이다.

질문은 간단하다. 대통령은 어떻게 성공하는가? 그런데
답은 쉽지 않다. 그렇다면 이렇게 다시 물어보자. 대통령은 반
드시 실패하는가? 미국의 정치학자인 일레인 카마르크Elaine
C. Kamarck는 『대통령은 왜 실패하는가』에서 이렇게 지적한다.

"공정하게 말하면, 대통령의 실패는 새로운 현상이 아니

다. 아마도 미국 역사상 가장 큰 실패는 제임스 뷰캐넌James Buchanan 대통령이 남북전쟁을 막지 못했던 것이라고 할 수 있다. 허버트 후버Herbert Hoover 대통령은 대공황을 막지 못했고, 대공황이 닥쳤을 때에도 효과적으로 대처하지 못했다. 심지어 위대한 대통령들도 커다란 실패를 경험했다. 에이브러햄 링컨Abraham Lincoln 대통령은 전쟁 초기에 적과의 교전을 꺼리는 장군들을 자꾸 뽑으면서 파괴적인 전쟁을 질질 끌기만 했다. 이로부터 거의 1세기가 지나서 프랭클린 루스벨트 Franklin D. Roosevelt 대통령은 대법원이 뉴딜정책의 주요 내용을 폐지하는 것을 막는 데 실패했다."

대통령은 성공하기보다 실패할 가능성이 크다. 역사적 경험이 이를 말해주고 있다. 대한민국은 실패를 넘어 개인적 비극과 사회적 불행을 야기한 경우가 더 많다. 자신의 생각이든 다른 사람들의 평가든 대통령이라면 무엇이든 할 수 있다는 생각이 실패의 사상적 근원이다. 대통령이라고 해서 무엇이든 할 수는 없다. 법과 제도의 제약에 따라야 하고, 여론을 수용해야 하며, 다른 국가기관과 협의해야 한다. 가장 크고 실질적인 권력을 행사할 수 있지만 한계 또한 매우 뚜렷하다.

대통령의
실패는 필연인가?

민주주의는 법치국가다. 법을 통해 나라가 운영되고, 그 법은 국민이 뽑은 대표들이 모여서 토의를 통해 만들고 바꾼다. 즉, 의회가 입법을 하지 않으면 대통령이라고 해서 할 수 있는 것이 많지 않다. 미국에서도 대통령이 하는 일 중에 가장 비중이 큰 것이 의원들을 설득하는 것이다. 설득 대상에는 여야의 구분이 거의 없다. 게다가 여소야대의 상황이라면 대통령은 야당 또는 야당 의원들의 동의 없이 아무것도 할 수 없다. 그나마 미국은 정당 기율紀律이 우리보다 약해 의원들이 소속 정당의 눈치를 덜 본다. 물론 이런 상황도 양극 정치가 극심해진 지금에는 먼 옛날의 이야기가 되긴 했지만 말이다.

우리에게는 대통령의 힘을 제약하는 요인이 더 있다. 국회선진화법 때문에 5분의 3 동의를 얻어야만 신속처리안건으로 지정해서 법안을 패스트트랙으로 처리할 수 있다. 5분의 3 동의를 얻지 못하면 이마저도 불가능해 제1야당의 용인 없이는 아무것도 할 수 없다. 그뿐 아니라 정치 못지않게 양극화된 미디어 환경은 대통령의 정상적인 의사결정을 심각하게 제약한다. 모든 것이 좌우 이념 프레임, 네 편과 내 편의 진영 논리로 재단된다.

2019년 6월 30일 문재인 대통령과 미국의 도널드 트럼프 Donald Trump, 1946~ 대통령, 북한의 김정은 위원장이 판문점에서 만났다. 역사적인 회동이었다. 다음 날 보수 성향의 한 신문은 「준비 안 된 회담…비핵화 논의 없이 실무협상 재개만 합의」라는 제목으로 기사를 실었다. 제목만 이런 것이 아니라 보도 내용도 비판 기조였다. 진보 성향의 한 신문 기사 제목은 「파격 '톱다운 외교'…하노이 앙금 씻고 평화 프로세스 가속」이었다. 논조도 매우 우호적이었다.

대한민국 정당은 제법 기율이 세다. 당의 공천이 당락을 좌우하지만 잘나가던 의원도 공천에서 탈락하면 승리하기 어렵다. 게다가 국회 상임위원회 배정 등에서 의원들은 당의 결정을 따를 수밖에 없다. 여기에 더해 지역주의까지 아직 살아 있다. 특정 지역에서는 특정 정당이 압도적인 우위를 누린다. 사실상 일당 독점에 가깝다. 이런 상황에서 의원들이 당의 눈치를 보지 않고 대통령의 정책이나 인사에 대해 독자적으로 처신하기란 거의 불가능하다.

"(2012년) 그 뒤 7년 동안 '촛불'에 힘입어 대통령이 바뀌고, 국회 권력의 판도가 뒤집히고, 남북과 북미 정상회담에 더해 남북미 정상 3자 회동까지 이뤄지고, 김(상조) 교수 자신은 재야의 비판자에서 청와대 사회·경제 정책 총괄역으로 발탁되는 격변을 거쳤음에도 거부권 사회라는 양상은 불변이다. 더 심해지지 않았나 싶다. 정부도, 재벌도, 언론도, 관료 조직도, 어떤 정당도, 시민단체도 자기 하고 싶은 대로 할 수는 없지만 남 하는 일은 얼마든지 훼방 놓을 수는 있는, 그러면서 모두가 손해 보는 '죄수의 딜레마'에 빠져 있다는 장탄식은 생생한 현실감으로 와닿는다. 84일 만에야 겨우, 그나마도 불완전하게 정상화된 국회의 무기력증은 거부권 사회에서 나타나는 양상의 극명한 예다. 한 정당의 거부권 행사만으로 국회가 마비되는 사태는 언제든지 재발할 수 있다. 지난 4월 25일 제출된 추가경정예산안이 언제 처리될지도 여전히 가물가물하다. 2일 현재 국회 계류 기간이 68일에 이르러 박근혜 정부 때의 최장 기록(38일)을 훌쩍 넘어서 있다."

『한겨레』 김영배 논설위원이 2019년 7월 3일 칼럼「'비토크라시' 벽 앞에 선 김상조 실장」에서 지적하는 내용이다. 많은 사람이 미국 스탠퍼드대학 프랜시스 후쿠야마Francis Fukuyama, 1952~ 교수가 미국 정치의 병리 현상을 표현하는 개념으로 제시한 비토크라시vetocracy가 한국에도 나타나고 있다고 진단한다. 어쩌면 비토크라시 중에서도 미국을 넘어서는

'아주 강한' 비토크라시 유형에 속할 것이다. 이런 관점에서 보면 제왕적 대통령제가 만악萬惡의 근원이라는 진단은 문제의 본질을 숨기는 잘못된 프레임이다.

한국의 대통령은 세다. 하지만 법을 무시할 정도로 제왕처럼 강하지는 않다. 과거 여당이 과반 이상의 의석을 갖고 있을 경우 강행 처리라도 해서 자신의 의지를 관철할 수 있었지만, 이제는 국회선진화법 때문에 그것도 불가능하다. 다른 정당의 도움을 받지 않고서는 아무것도 할 수 없다. 그러나 다른 정당의 도움도 기대하기 어렵다. 전부 아니면 전무인 승자독식의 정치 시스템(권력구조, 선거제도 등)을 갖고 있기 때문에 야당으로서 여당과 손잡는 것은 어려운 선택이다. 따라서 누가 대통령이 되든 실패는 예견되어 있다고 해도 과언이 아니다.

대통령은 정치를
초월할 수 없다

데이비드 거겐David Gergen, 1942~이라는 '기술적' 인간이 있다. 리처드 닉슨Richard Nixon, 1913~1994 대통령 때 들어와 제럴드 포드Gerald Ford, 1913~2006 대통령을 거쳐 로널드 레이건 대통령에 이르기까지 백악관에서 일했다. 놀라운 것은 그가 민주당 출신의 대통령과도 일했다는 사실이다. 빌 클린턴 대통령 때 백악관에서 그의 참모로 일했다. 그만큼 기술에 능통했다.

빌 클린턴이 데이비드 거겐의 표현대로 바나나 껍질에 미끄러져 정치적으로 어려움을 겪고 있을 때 그에게 도움을 요청했다. "내가 곤경에 빠졌소. 당신이 도와주시오." 클린턴을 도운 뒤 그가 2000년에 자신의 경험을 정리해 『Eyewitness To Power』를 출간했다. 책의 제목 그대로 '권력자의 곁에서' 직접 자신의 두 눈으로 지켜보면서 얻은 교훈을 많은 사례와 함께 잘 정리해놓았다. 그의 충고 중에서 특히 귀담아들을 대목이 있다.

"역사적으로 볼 때, 미국은 항상 대통령이 초당적인 연합을 통해 폭넓게 인재를 끌어모았을 때에 항상 최상의 역량을 발휘했다. 제2차 세계대전에서는 프랭클린 루스벨트가 두 명의 공화당원을 내각의 핵심적인 위치에 임명했다. 1961년 케네디 대통령은 공화당원에게 재무장관과 CIA, 심지어 안보보좌관 자리를 제안했고, 또한 그들의 승낙을 받았다. 닉슨 대통령은 민주당의 대니얼 모이니핸을 백악관 자문관으로 초빙했고, 나중에는 민주당원인 존 코널리를 재무장관에 임명했다."

거겐의 이 충고는 2가지 의미를 담고 있다. 흔히 하는 이야기로 인재를 폭넓게 기용해야 한다는 게 하나다. 대통령은 자신을 보좌하는 참모진과 내각을 초당파적으로 구성해 여기서부터 일종의 '연합'이 이루어지도록 해야 한다. 국정 운영은 내각 중심으로 가야 한다는 게 다른 하나다. 대통령이 방대한 규모의 공무원을 움직이기 위해서는 내각 외에 다른 방법이 없다(미국은 연방 공무원만 250만 명에 달한다).

대한민국에서는 과거 정보기관을 통해 공직사회를 제어했으나 이것은 잘못된 것이고 이제는 아예 폐지되었다. 이른바 '어공'이 이끄는 청와대 참모들로 100만 명이 넘는 직업공무원을 효율적으로 움직일 수 없다. 공무원이 제대로 움직이지 않으면 뭔가를 실행할 수 없다. 대통령이 자신의 비전을 실현하려면 공무원이 적극 행정에 나서도록 해야 하고, 그렇게 하려면 내각 중심으로 가는 것은 거의 외통수다.

일레인 카마라크도 대통령과 정부 사이의 단절을 막기 위해서는 대통령 비서실의 역할을 줄이고 내각의 힘을 키워야 한다고 주장한다.

"루스벨트 대통령 시절에는 뉴딜정책과 사회보장법의 대부분을 노동부 장관 프랜시스 퍼킨스Francis Perkins가 설계했다. 그녀는 이 법안을 놓고 배타적인 헨리 모겐소Henry Morgenthau Jr. 재무부 장관과 논쟁을 벌인 적도 있었다. 그로부터 정확히 50년이 지나, 클린턴 대통령 시절에 유능한 보건복지부 장관 도나 샐레일라Donna Shalala는 가장 중요한 정책 두 가지를 개발할 때 뒷전으로 밀렸다. 그녀는 의료개혁의 주도권을 (대통령과의 관계에서 어느 누구보다도 가까운 사람인 퍼스트레이디) 힐러리 클린턴에게 넘겨줘야 했다. 그리고 복지개혁법안의 개발은 백악관 국내정책위원회Domestic Policy Council의 수석 정책보좌관 브루스 리드Bruce Reed에게 넘겨주었다."

대통령 비서실이 강화되면 내각이 죽고, 더불어 의회의 견제도 약화된다. 견제와 균형을 상실한 권력은 잘못을 저지르기 마련이다. 어떤 사람이 그 자리에 있느냐와 상관없다. 모든 권력과 기관은 견제 받아야 하고, 그럼으로써 균형을 이루어야 한다. 의회의 견제는 대통령제의 토대이자 헌법 정신인 삼권분립에서 필수적인 요소다. 이를 약화시키는 것은 좋지 않은 결과로 이어진다. 세상에 선의에 의한 잘못이 얼마나 많은가? 인사청문회를 거치지도 않고, 상임위원회 등을 통해 의회가 상시적으로 감시·견제하는 것을 어렵게 만드는 효과를 낳기 때문에 대통령 비서실의 강화는 좋은 선택이 아니다.

데이비드 거겐은 이 점에 대해 레이건 정부에 대한 예리한 평가로 정평 있는 루 캐넌Lou Cannon, 1933~의 지적을 인용하고 있다.

"1980년 선거에서 승리한 후에 (로널드 레이건은) 내게 이런 말을 했다. 주지사 시절에 얻은 교훈들 가운데, 대통령직을 수행하는 데 필요한, 그러면서 가장 가치 있는 것은 입법부와의 협력이 성공할 수 있다는 인식이라는 것이었다. 레이건은 취임 후 첫 100일 동안 49회의 만남을 통해 467명의 의원을 만났다. 그 때문에 의원들 중에는 지미 카터 정권 4년간 받았던 것 이상의 대접을 레이건 정권 4개월 동안 다 받았다고 말했을 정도였다."

여소야대 상황에서 지극히 당파적인 야당이 이른바 '닥반(닥치고 반대)'을 외칠 때에도 과연 의회를 존중해야 할까? 당연히 존중해야 한다. 뭔가를 이루어내려면, 대통령제하의 사실상 양당제 체제라면 어쩔 수 없는 선택이다. 물론 야당을 압박하기 위해 여론을 동원할 수 있고, 그렇게 해야 한다. 미국의 정치학자인 새뮤얼 커넬Samuel Kernell, 1945~이 말하는 '대중에게 직접 호소하기going public' 전략이다. 대통령에 대한 지지여론이 높으면 높을수록 야당의 반대도 약화되기 마련이다. 또 의회 선거를 앞둔 시점이라면 유권자들에게 야당의 반대 때문에 아무것도 할 수 없으니 바꿔달라고 호소할 수 있다.

그렇다고 해서 이것만 의지해서는 성공하기 어렵다. 박근혜 대통령은 경제 관련 입법 촉구를 위해 가두서명에 직접 나서기까지 했지만 뜻을 이루지 못했다. 대중에게 직접 호소하는 전략의 단점은 유권자를 두 진영으로 가를 수 있다는 점이다. 누가 잘하고 못하고 있는지를 판별하는 기회가 아니라 중간 지역에 있는 유권자들조차도 양 진영 중 하나에 휩쓸려 들어가는 현상이 빚어질 수 있다. 대통령의 주장에 호응하는 여론이 커지는 만큼 그 반대 목소리도 결집하기 때문이다.

대통령은 정치인이다. 결코 정치를 초월할 수 없다. 누가 뭐래도 정치의 본질은 타협이다. 어쩔 수 없이 결정을 내려야 하는 상황에서는 부득불 다수결 원리에 따라야 하지만 끝까지 타협해야 한다. 다른 생각과 이해, 집단과 부분을 대표하는 사람들이 모여서 토론과 숙의를 통해 답을 찾으라는 것이 대의민주주의의 기본 설계다. 정치는 타협이고 대통령도 정치를 해야 한다면, 대통령이 훌륭한 정치인이 될 때 훌륭한 대통령이 될 수 있다는 명제를 도출할 수 있다.

민주주의에서는 옳은 자와 그른 자를 나누지 않는다. 옳고 그름을 떠나 대등한 시민으로 존중하면서 타협을 모색해야 한다. 내가 틀릴 수 있음을, 상대방이 옳을 수 있음을 인정하는 것이 민주적 마인드다. 대통령이 모든 국민의 선택으로 선출된 유일한 대표자라고 할지라도 힘으로 자신의 선택을 강요할 수는 없다. 유일한 방법은 더 많은 국민의 지지를 통해 압박하거나, 끊임없는 소통과 대화를 통해 설득하는 것뿐이다. 개인적 경험에 비춰보건대, '어떻게 저런 인간이 국회의원이 되었을까' 싶은 생각이 들 때도 있다. 하지만 어쨌든 그도 누군가를 대표하는 사람으로 정당한 절차를 거쳐 선출된 사람이니 존중하는 것이 마땅하다.

대통령에게는
책임윤리가 필요하다

프랭클린 루스벨트는 성공한 대통령이다. 제2차 세계대전을 승리로 이끌었다고 해서 성공한 대통령으로 기록되는 것은 아니다. 그는 자신이 원하는바, 즉 뉴딜정책을 구현할 수 있었다. 그 정책을 통해 당시 사회경제적 약자들의 삶을 개선할 수 있었다. 1929년 세계를 덮친 대공황 속에 서민들이 길거리에 나앉았다.

1932년 미국 노동 인구의 25퍼센트에 달하는 1,300만 명이 실업자였고, 무주택자는 100만 명이 넘었다. 그런 사람들을 당시와 이전 정부들은 나 몰라라 했다. 가난 구제는 개인 몫이다! 이런 생각으로 방치했다. 제1차 세계대전에 참전한 퇴역 군인들이 보너스를 달라고 손 내밀자 최루탄으로 응대했다. 대공황 당시의 대통령이던 허버트 후버의 이름은 굴욕의 상징이 되었다. 전북대학교 강준만 교수의 『미국사 산책 6: 대공황과 뉴딜혁명』에서 나오는 이야기다.

"뜨내기 일꾼hobo이나 빈민들이 추위를 쫓기 위해 둘러쌌던 신문지를 '후버 담요', 텅 빈 호주머니를 '후버 주머니', 무주택자들의 달동네를 '후버촌', 돈이 없다는 것을 보여주기 위해 호주머니 속이 밖으로 나온 것은 '후버 깃발', 발바닥에 구멍이 난 신발은 '후버 신발', 닳아 해진 구두의 안을 대기 위해 사용한 골판지는 '후버 가죽', 휘발유가 없어 말이 끌고 다니는 자동차를 '후버 마차', 그렇지 않아도 부족한 식량을 먹어 치우는 야생 토끼는 '후버 돼지'라고 부르는 등 후버를 접두어로 하는 많은 신조어들이 생겨났다."

루스벨트는 후버와 달랐다. 국민을 주인으로 대우했다. 죽을 먹든 밥을 먹든 알아서 살라며 국민을 방치했던 올드딜Old Deal에서 벗어나 정부가 적극적으로 보살피고 챙겨야 하는 주권자로 존중하는 뉴딜New Deal로 전환했다. 사회경제적 약자들을 보듬고, 그들의 삶을 개선하기 위해 적극 개입했다. 공공근로를 통해 일자리를 만들고, 경제를 살리고, 노동조합의 설립을 독려하고, 사회보장법을 제정했다. 루스벨트는 자신의 표현대로 '잊힌 사람들', 다시 말해 정부 정책에서 잊고 있던 사람들을 위한 공공정책을 대대적으로 펼쳤다.

　루스벨트의 뉴딜정책의 도움을 받은 사회경제적 약자들은 정치적으로 루스벨트와 그가 속한 민주당을 열심히 그리고 꾸준히 지지하는 것으로 보답했다. 이들이 보내준 안정적인 지지를 흔히 뉴딜연합이라고 부르고, 이 뉴딜연합이라는 다수연합 덕분에 민주당은 1932년 대선 이후 30년 넘게 정치적 우위를 누릴 수 있었다. 이것이 대통령 정치다.

　루스벨트만 그런 것이 아니다. 1980년 대선에서 당선된 레이건도 이런 정치를 통해 자신의 보수 혁명을 성공적으로 이루어냈다. 대통령은 자신이 지향하는 가치를 위해 그 가치를 뒷받침하는 유권자와 세력 등의 정치적 지지를 동원할 수 있어야 한다. 그래야 성공한다.

　대통령이 반드시 버려야 할 생각이 있다. '나는 옳은 일을 하고 있다.' 대통령이 옳지 않은 일을 하고 있기에 이런 생각을 버리라는 것이 아니다. 대통령은 자신이 옳다고 생각하는 바를 선거를 통해 공약으로 밝혔고, 그것을 실천에 옮기고자 하는 것은 당연하다. 그러나 옳은 일이고, 국민이 선거를 통해 위임한 것이기 때문에 그 누구도 토를 달거나 시비를 걸어선 안 된다는 생각이 금물이라는 뜻이다. 대통령에게 필요한 것은 옳은 일을 하고자 하는 신념윤리에 더해 일을 만들어내는 책임윤리다. 말장난 같지만, 신념을 실행에 옮기는 책임이 대통령에게는 있다.

대통령의 성공을 위해 일레인 카마르크는 3가지, 즉 정책, 커뮤니케이션, 실행 능력을 주장한다. 특히 그는 실행 능력을 특별히 강조한다. 제왕적 대통령imperial presidency을 거쳐 수사적 대통령rhetorical presidency을 지나 지금의 대통령에게 필요한 것은 관리적 대통령managerial presidency이라고 말한다. "오늘날 대통령에게 주어진 과제는 캠페인 능력에 통치 능력을 보태는 것이다." 적절한 지적이다. 대통령이 우호적 여론 지형을 유지하기 위해 노력하는 상시 캠페인permanent campaign이 필요하지만, 이것 때문에 일이 되게 만드는 데에 소홀하면 안 된다. 대통령의 실패는 비전의 실패라기보다 관리의 실패, 실행의 실패인 경우가 훨씬 많다.

루스벨트에게서 배울 수 있는 또 하나의 교훈은 'No'라고 말하는 참모를 두라는 것이다. 잘나가던 소장 정치인에서 소아마비 장애를 겪는 시련, 그리고 그 시련을 이겨내고 뉴욕 주지사를 거쳐 대통령이 되기까지의 과정에 루이 하우Louis Howe, 1871~1936라는 참모가 있었다. 그는 아닌 것은 아니라고 말하는 참모였다. 루스벨트는 하우의 'No'를 극복하기 위해 더 많이 노력하고 더 많이 소통하면서 큰 지도자로 성장했고 잘못된 판단을 줄일 수 있었다.

　중국 역사에서 최고의 태평성대라고 평가되는 당 태종 시대, 그 정관지치貞觀之治는 직언을 하는 위징魏徵, 580~643이라는 참모가 있었기에 가능했다. 다른 목소리를 듣고, 존중하지 않으면 대통령은 압도적 권위를 누리겠지만 지혜를 잃는다. 대통령은 계몽군주도 철인왕도 아니다.

　재임 기간이 늘어날수록 정보량이나 고민의 정도에서 대통령을 따라갈 사람이 없다. 누구라도 팩트를 가지고 토론하면 대통령을 이길 수 없다. 안 그래도 대통령직의 무게 때문에 쉽게 다른 이야기를 하기 힘든데, 가장 많이 알고 가장 많이 생각하는 대통령에게 어떻게 대적할 수 있으랴. 그러나 단언컨대, 이것이 망조亡兆다.

　세상을 이해하는 데에는 팩트도 있지만 맥락도 있고, 인정도 있고, 배려도 있고, 정무도 있다. 대통령이 다양한 목소리를 듣지 못했을 때 생기는 재앙은 부지기수로 많다. 대표적인 예가 존 F. 케네디John F. Kennedy, 1917~1963 대통령 시절의 피그스만 사태. 그래서 대통령에게 꼭 필요한 단 한 명의 참모가 있다면, 'No'라고 말하는 참모다.

대통령의
리더십

　　이제는 '성공한' 대통령이 나올 때가 되었다. 이대로 가다가는 대통령직은 재앙의 자리가 될 수도 있다. 이런 걱정이 기우杞憂, 말 그대로 쓸데없는 걱정이면 좋겠다. 사사건건 대통령을 공격하고, 대통령에 대한 조롱이 정치적 마케팅의 가장 유효한 수단인 것처럼 생각되는 시절이니 과연 기우일까 싶다. 이런 불행한 흐름을 차단해야 한다. 대통령의 성공은 개인적 영광이 아니라 주권자인 국민에게 좋은 일이다. 대통령의 성패에 따라 좀 과장해서 말하면 국운의 성쇠가 달려 있고, 국민의 삶이 달라지기 때문이다.

　　성공한 대통령이 나오기 위해 바꿔야 할 것이 참 많다. 국회도 개혁해야 하고, 행정도 개혁해야 한다. 특히 정치 혁신이 반드시 필요하다. 작은 갈등도 정치가 증폭시키고, 사생결단의 극단적 대결로 만들어버린다. 정치는 갈등의 사회화를 통해 그것을 해결하는 기제다. 정치적 유불리 때문에 별로 중요하지도 않은 사안들을 무차별적으로 의제화해서 죽기 살기 식으로 다투는 것은 사회화라기보다 사유화에 가깝다. 이것은 결국 다 같이 망하는 정치다.

이제는 대통령도 실행을 깊이 고민해야 한다. 일레인 카마르크는 『대통령은 왜 실패하는가』에서 래리 보시디Larry Bossidy, 1935~와 램 차란Ram Charan, 1939~의 말을 이렇게 인용한다.

"기업들이 그들의 약속을 실행하지 못하면, 흔히 최고경영자의 전략이 잘못되었다고 한다. 그러나 전략 자체가 잘못된 경우는 별로 없다. 전략이 제대로 실행으로 옮겨지지 않아서 실패에 이르고 만다. 결국 일어나기로 했던 일이 일어나지 않은 것이다."

이에 일레인 카마르크가 덧붙인 말이 있다.

"기업과 마찬가지로 정치에서도 실행 능력은 대단히 중요하다. 오늘날의 대통령들은 좋은 인상과 영감을 주는 능력이 뛰어나서 대통령에 당선될 수 있었다. 그러나 그들은 단기적이든 장기적이든 성공한 대통령이 되려면 실행 능력이 뛰어나야 한다."

그렇다. 관건은 실행 능력이다. 최저임금 인상을 둘러싼 논란도 정책 그 자체의 실패라기보다는 실행의 느슨함 혹은 관리의 실패가 핵심이다. 대통령은 일이 되게 하는 리더십을 발휘해야 한다. 당적을 떠나 문재인 대통령이 성공한 대통령으로 기록되기를 소망한다. (2019년 8월 1일)

유능한
─── 정치인이 ───
되려면

정치,
누가 하고 있는가?

      어떤 사람이 의회에 진출하는지, 더 크게는 어떤 사회집단 출신이 정치인이 되는지는 '대표' 개념을 둘러싼 핵심 쟁점이다. 의회의 구성이 유권자의 사회적 구성(인구통계학적 구성, 사회경제적 구성 등)을 최대한 반영해야 하는 것은 당연하다. 그래야 선출된 대표가 자신이 속한 집단의 가치와 태도를 공유하고, 그들의 이해와 요구를 잘 대표할 것이기 때문이다.

그런데 문제는 이것이 쉽지 않다는 사실이다. 특정 사회집단이 과잉 대표되거나 과소 대표되는 대표 체계는 불평등 민주주의를 낳는다. 특히 사회경제적 약자들의 목소리가 제대로 투입되지 못한다면, 그것은 배제적 민주주의다. 배제적 민주주의일수록 정치의 상층 편향성이 두드러지고 복지가 외면당한다. 미국이 대표적인 나라다.

어떤 사회집단 출신이냐 또는 사회경제적 정체성을 갖느냐에 따라 어떤 갈등이나 균열이 의제화되고 이슈화되는지가 달라진다. 물론 이 요인 때문에 갈등의 사회화 또는 정치화가 좌우되는 것은 아니지만 그래도 중요한 것은 사실이다. 그런데 통계가 말해주듯이 국회의원에게는 심각한 편향이 존재한다. 사회경제적 약자들의 대표성이 대단히 취약하다. 국회의원들은 사회집단 출신, 소득, 재산, 학력, 성향 등을 두루 감안할 때 약자보다는 강자, 노동보다는 기업 등 중·상층 지향성이 뚜렷하다. 이른바 강북우파, 강남좌파가 없는 것은 아니지만 그 수가 미미하다.

이런 중·상층 편향성은 분단 등의 역사적 특수성에서 비롯된 것이기도 하지만, 정당의 약화와 선거법 등과 깊은 관련이 있다. 아주대학교 문우진 교수의 정리다.

"서구 민주주의 국가들에서는 투표 결정에 필요한 정보를 정당이라는 하나의 브랜드 네임으로 제시하며, 유권자들이 정책적 판단에 큰 비용을 들이지 않고 정당 투표를 통해 자신의 투표 결정을 한다. 반면 정당체제가 불안하거나 정당 간의 입장 차이가 선명하지 않은 곳에서는, 유권자가 후보들의 개인적 신상이나 특성, 혈연, 학연, 캠페인에서 상호 비방과 같은 비이념적인 요인들을 근거로 투표할 가능성이 높아진다. 저소득층은 고소득층에 비해서 정당들의 정책 입장 차이에 대해서 부족한 정보를 가지고 있기 때문에, 정당 간의 입장 차이를 덜 느끼고 따라서 비이념적인 요인들을 근거로 투표할 가능성이 높다."

그래서 어떤 결과가 벌어질까?

"따라서 저소득층의 정치정보 수집에 필요한 비용을 줄여주는 선거제도에서는 이들이 자신의 이해를 대변하는 정당에 투표할 확률이 높다. 이러한 선거제도는 정당이라는 브랜드 네임을 통해 저소득층의 정치정보 수집에 필요한 비용을 줄여주는 선거제도에서 증가한다. 반면 후보 투표를 촉진하는 선거제도에서는 저소득층의 투표 결정이 후보의 개인적인 특성에 좌우될 가능성이 고소득층에 비해서 더 높기 때문에, 자신의 계층적 이익을 대변하지 않는 후보를 선택할 가능성이 높다. 이는 후보 투표를 촉진하는 선거제도를 채택한 국가에서는 우파 정당이 저소득층의 지지를 받을 가능성이 좌파 정당이 고소득층의 지지를 받을 가능성보다 높다는 것을 의미한다."

이렇게 되면 우파 정당들의 득표율을 높이고, 소득불평등을 심화시킨다는 것이 문우진 교수의 결론이다. 인물 투표를 촉진하는 제도에서는 대개 명망성, 인지도, 스펙, 사적 연고 등에서 강점이 있는 사람들이 정치를 하게 된다. 내 삶을 잣대로 후보를 보는 것이 아니라 내 삶과 무관하게 후보의 매력에 따라 투표하게 되면 당연히 언론의 개입력이 커질 수밖에 없다. 지금의 미국의 정치가 보여주는 현실이다.

인물 투표를 배양하는 3가지 제도가 있다. 당 지도부가 아닌 유권자들이 투표 명부에 있는 후보의 순위를 결정할 수 있을 때, 후보에 대한 지지표가 당 전체 또는 당내 다른 일부 의원들의 표로 집계되지 않고 후보에 대한 표로만 집계될 때, 유권자가 정당이 아닌 후보에게만 표를 행사할 수 있을 때다. 미국 다트머스대학 존 케리John M. Carey, 1964~ 교수와 미국 듀크대학 매슈 매커빈스Mathew D. McCubbins, 1956~ 교수의 정리다.

바쁜 정치인과
나쁜 정치

　　　　홍길동이라는 국회의원은 서울에 지역구를 둔 변호사 출신이다. 여당 소속의 초선으로 원내 부대표다. 영남 출신에 명문대를 나왔다. 정치에 입문하기 전에 방송에 출연해 상당한 인지도를 쌓았다. 개혁적인 이미지도 얻었다. 국회의원으로서 그가 하는 일은 어떤 것들일까? 국회 상임위원회나 본회의, 당 최고위원회와 원내 대책회의, 의원총회 등에 참석한다. 가까운 의원들과 밥도 먹고 골프도 친다. 대권주자나 당의 핵심 실세와도 열심히 소통한다.

　청와대·행정부의 고위직을 만나고, 재계 인사와도 접촉한다. 정보, 예산, 후원 때문이다. 동료 의원들의 동의를 받아 법안도 제출한다. 출입기자들과 만나 친교를 맺어야 하고, 가끔 방송 인터뷰에 응해야 한다. 외국에 나갈 때도 있다. 지역구 행사에 참석해야 하고, 지역의 핵심 당원들을 관리해야 한다. 구청장이나 지방의원도 관리해야 한다. 경조사나 지역 구민의 민원도 챙겨야 한다. 그야말로 시간은 적고 할 일은 많다. 지역구가 없는 비례대표 국회의원도 무척 바쁘다. 그러니 지역구가 있는 국회의원들은 더 말할 나위 없다.

국회의원에게 제일 중요한 것은 재선이다. 재선을 위해 가장 신경 써야 하는 것은 공천이다. 공천에 영향을 주는 것은 크게 2가지다. 하나는 당의 신임, 즉 대권주자나 당의 대표를 비롯한 핵심 당직자 또는 실세에게서 얻는 신뢰다. 이를 위해서는 당론에 따르고, 계파 활동이나 상대방 공격에 적극 나서야 한다. 계파주의가 실재하고 진영 논리가 작동하는 한 불가피한 선택이다.

또 하나는 지역구에서 높은 지지율, 즉 인기다. 지역에서 여론이 좋으면, 예를 들어 이 사람이 무소속으로 출마할 경우 성패가 달라질 정도로 기반이 탄탄하면 그를 바꾸기는 어렵다. 지지율을 높게 유지하려면 튼실한 조직 기반도 필요하다. 조직이 가동되어야 지역 여론을 관리할 수 있기 때문이다. 아무리 저명한 사람이라도 지역구 관리를 소홀히 하거나 조직이 효율적으로 가동되지 않으면 여론은 금방 나빠진다.

지역구에서 여론을 좋게 만들려면 몇 가지가 필요하다. 우선 미디어에 자주 이름이 거론되거나 얼굴이 보여야 한다. 국회의원 선거구 또는 지방자치단체 차원의 지역 언론이 국회의원의 의정 활동을 충실하게 감시·비판하기 어렵다. 그 때문에 중앙 언론에 노출되는 것이 유권자에게 이름 석 자나 얼굴을 알리고 상기시키는 데 유용하다.

다음으로 지역구 행사에 열심히 참석해야 한다. 구청이 주관하는 행사나 선거 구민의 경조사에 빠짐없이 가야 한다. 홍길동 의원도 거의 매일 아침 지역구에서 떠나는 산악회의 산행 버스에 가서 인사하고 있다. 향우회 모임, 조기 축구 등 생활체육 행사도 거르지 않는다. 지역 구민과 만나는 기회가 늘어나면 늘어날수록 유권자에게 좋은 기억을 남긴다.

국회의원이 재선을 추구하는 것을 나쁘다고 할 수 없다. 재선에 상관없이 오직 옳은 일만 하라고 주문하는 것은 비현실적이다. 재선 추구라는 목적이 공익에 부합하게, 다수의 사람에게 유익한 결과를 가져오게 만드는 것이 핵심이다. 지금 우리 정치가 작동하는 방식은 이런 결과를 낳는 데 둔감하다. 홍길동 의원의 활동에서 사회집단과의 연계나 사회경제적 약자들을 대표하는 활동은 거의 없다.

지역구 국회의원이고, 지역구라는 것이 직능공동체(일터)의 기능이 취약하기 때문에 제도적으로 탈직능화의 인센티브가 있으니 의원 개인만을 탓할 일은 아니다. 소선거구제-단순다수제에서는 노인, 여성, 자영업자가 정당 활동의 주축을 이룬다. 지역구 단위에서 사회경제적 프레임이 작동하지 않는 것은 지역구 선거제도의 단점이다. 프랑스의 정치가인 장 모네Jean Monnet, 1888~1979가 이런 말을 했다. "어떤 일도 사람이 없으면 시작될 수 없고, 제도가 없으면 지속될 수 없다." 의지를 가진 사람들이 나서서 제도를 바꿔야 한다는 메시지다.

정치란 소통, 숙의, 게임을 통해 서로 다른 생각과 의견을 조율하는 것이다. 이런 정치의 본질적 역동성이 진영 대결에서는 제대로 구현되기 어렵다. 토론과 타협을 본질로 하는 정치政治가 아니라 대립과 싸움을 본질로 하는 정투政鬪가 득세한다. 극심한 양극 정치 때문에 주요 법안의 표결에서 공화당의 표를 하나도 얻지 못한 버락 오바마나 도널드 트럼프 대통령의 예를 보면 진영 대결의 폐해를 잘 알 수 있다. 오죽하면 예산안이 제때 통과되지 못해 행정부가 셔터를 내릴shut down 때도 있지 않은가.

나쁜 정치는
왜 생기는가?

양극 정치를 낳는 요인을 두고 학자들의 여러 분석이 있지만, 본질은 결국 정치인들이 유권자를 두려워하지 않기 때문이다. 영국 『이코노미스트』의 보도에 따르면, 미국의 하원의원 435명 중에서 본선에서 누가 당선될지 알 수 없을 정도의 경쟁이 펼쳐지는 곳은 전체의 5퍼센트에 불과하다. 게리맨더링Gerrymandering(자신의 당에 유리하도록 선거구를 정하는 일)을 통해 지역구별로 지지 정당의 우위가 확고하기 때문에 문제는 공천이다.

미국의 공천 제도는 오픈 프라이머리open primary다. 경험적으로 분석해보니, 이 오픈 프라이머리에는 목소리 큰 사람들의 목소리가 과잉 대표되고, 관심을 갈구하는 마이너리티 그룹minority group처럼 늘 참여하는 사람들만 계속 참여하는 것이 단점이다. 참여의 편향성이 있다는 이야기다.

한국에서도 지역주의가 진영 대결을 강화해 정치의 발현을 막는 핵심 요인이다. 특정 정당이 특정 지역에서 선거 승리를 독점하기 때문에 보통 사람들의 권리인 본선거general election에서 선택권이 침해 당하는 것이다. 정당을 중심으로 진영 대결이 펼쳐지면 각 정당 내부의 정치도 위축될 수밖에 없다. 진영 대결은 적대적 공존 체제로서 정치를 죽이고, 정치인의 무능을 조장한다. 상대에 대한 악마화, 조롱, 무책임한 구호만 난무하기 일쑤다. 진영 논리에 충실하기만 하면 되니 얼마나 편할까. 보통 사람들의 삶을 살피려고 고민할 이유가 없다.

소선거구제-단순다수제는 양당제를 지향한다. 이 양당제가 항상 그렇지는 않지만 어떤 조건하에서는 양극의 진영 대결로 그 질이 심각하게 악화될 수 있다. 그 조건 중에 하나가 정파적 정렬partisan sorting이다. 보수정당에는 보수 성향의 정치인과 유권자만, 진보정당에는 진보 성향의 정치인과 유권자만 있는 경우다. 선거구별로 정당 간의 우열이 고착화되는 경우 또한 그러한 조건 중 하나다. 이렇게 되면 내부 토론과 견제가 사라진다. 본선거에 대한 걱정이 없기 때문에 지도부의 방침에 따라, 자신의 평소 소신에 따라 진영 대결에 나서는 것이 어렵지 않다.

미국의 티파티tea party가 득세한 것도 이런 이유 때문이었다. 두 번의 대선에서 모두 조지 W. 부시George W. Bush, 1946~를 승리하게 만든 공화당의 전략가 칼 로브Karl Rove, 1950~는 티파티 때문에 경쟁력 있는 후보가 뽑히지 못한다는 지적을 하기도 했다. 민주주의는 경쟁적 정당체제다. 미국의 정치학자인 엘머 에릭 샤츠슈나이더는 이렇게 말했다.

"다른 무엇보다도 정치 활동에 경쟁성이 없다면, 보통 시민은 무력할 수밖에 없다. 인민에게 선택의 기회를 제공하는 것은 정치 조직들 사이의 경쟁이다. 이 기회가 없다면, 인민주권은 아무런 의미도 가질 수 없다.……민주주의는 지도자들과 조직들이 공공정책에 대한 대안을 가지고 경쟁함으로써 일반 대중이 정책 결정 과정에 참여할 수 있게 되는 일종의 경쟁적 정치체제이다. 민주주의는 경쟁하는 정치 조직들과 지도자들이 만들어낸 대안들 가운데 어느 하나를 보통의 시민이 선택하는 정치체제이다."

그는 이런 말도 했다. "정당은 무엇보다도 권력을 장악하기 위한 조직적 시도이다. 그러므로 정당은 문제의 프레임을 설정하고, 이슈를 정의한다the parties frame the question and define the issue." 미국의 경제학자인 조지프 슘페터Joseph Schumpeter, 1883~1950는 민주주의를 이렇게 정의했다. "민주적 방법이란 인민의 표를 얻기 위한 경쟁적 쟁투를 통해 누가 권력을 얻을지 정치적으로 결정되는 제도적 배열이다."

미국의 정치학자인 제임스 윌슨James Wilson, 1742~1798에 따르면 "인민의 표를 얻기 위해 일사불란하게 경쟁적 쟁투를 벌이는 조직이 바로 정당이다". 이런 정당 간의 경쟁적 쟁투가 모든 선거구에서 펼쳐져야 정치의 질이 좋아진다. 그렇다면 문제는 정당 혹은 정당체제다.

지금의 정치 현실에서는 강한 정당이나 좋은 정당이 등장하기 어렵다. 한 정당에서 3~4선 한 정치인도 정당을 통일된 기호를 주는 간판 정도로 여긴다. 당의 대표와 대선후보를 지낸 사람이 탈당하는 것도 다반사다. 정당이 계파가 아니라 당의 이름으로 통일적 기율을 확보하지 못하면 소속 정치인은 가치나 정책보다 인기popularity를 추구하게 된다. 정당이라는 집단에 비해 개인이 할 수 있는 일은 훨씬 제한적이기 때문에 인물 중심이 되면 정치가 풀 수 있는 영역이나 범위도 줄어들 수밖에 없다. 개인은 자신에게 귀속되는, 즉 그 성과를 자신이 직접 따먹을 수 있는 주제나 어젠다에 집중하기 마련이다. 인기를 추구하고 개발을 선호한다.

반면에 정당은 여러 사람의 집합이고 많은 유권자를 모아야 하므로 더 상위의 전국적 어젠다를 지향하는 속성을 갖는다. 가치와 정책을 추구하고, 연대(복지)를 선호한다. 정당이 정당답지 못하고, 진영 대결 속에 사회적 집단과의 조직적 연계를 갖지 않는 명망가들만 부각되는 정치가 바로 현실 정치의 실상이다. 그래서 그 어느 때보다 언론의 힘이 강해져서 사실상 정치를 좌지우지할 수 있는 상황에 이르렀다.

미국의 정치학자인 넬슨 폴스비Nelson Polsby, 1934~2007의 진단대로, 미국 정치에서 정당이 약해져 생긴 공간을 미디어가 차지했다. 우리도 그렇다. 좀 과장해서 말하면, 한국 정치의 주요 행위자major actor는 정당이 아니라 언론이다. 더 정확하게는 언론사다. 한국의 일부 언론사는 정당이나 다름없다.

미디어는 비판이 생명이다. 따라서 생리상 정치의 명암 중에서 주로 어두운 면을 뉴스로 내보낸다. 또 정상보다는 비정상에 주목한다. 예컨대 개가 사람을 물면 뉴스가 안 되지만, 사람이 개를 물면 뉴스가 된다. 우리가 미디어를 통해 정보를 입수할 때에는 이런 점들을 고려해야 한다. 이탈리아의 최고 정당학자인 조반니 사르토리Giovanni Sartori, 1924~2017는 '영상정치video politics'라는 개념을 사용하면서 미디어가 전하는 정보의 허상을 통렬하게 지적한다. 미디어가 전하는 정보는 좋은 정치인을 분별해내는 데 도움이 되기 어렵고, 심지어 많은 경우 장애가 된다.

좋은 정치가
가능하려면

현재의 조건에서 직업정치인이 되는 지름길은 얼굴을 알리는 것이다. 지역구에서 발품을 팔거나 노동조합 등 사회경제적 약자들을 위한 활동에 전념해서는 얼굴을 알리는 것이 사실상 불가능하다. 큰 정당의 당협위원장이나 지역위원장이면 그나마 가능할지 모르나 그것 역시 대단히 제한적이다. 따라서 선거를 위해 인지도를 끌어올리려면 방송에 출연하는 것이 최선이다.

종합편성채널(종편)이 생기면서 정치 프로그램이 늘어났

고, 그 영향으로 지금은 공중파에서도 낮에는 시사 프로그램을 편성하고 있다. 이제는 종편이 정치적 소통의 미디어로 확고하게 자리를 잡았다. 게다가 보수성이 강한 세 집단, 즉 노인·주부·자영업자가 종편의 주시청자들이다. 이들은 또 지역사회의 파워 집단들이다. 투표율도 높다. 선거에 뜻을 두고 있다면 종편에 얼굴을 내미는 것이 저비용 고효율 투자인 셈이다.

얼굴을 알리는 게 중요한 이유는 간단하다. 공천이 인지도 경쟁이기 때문이다. 지금까지의 공천은 대체로 선거 2~3개월 전에 당 내외 인사로 구성된 공천심사위원회가 담당했다. 과거 부동산 투기 때의 아파트 분양시장에 비유하자면 '떴다방'과 같은 공천심사위원회가 이력과 인지도를 놓고 판단하는 스펙 공천이라 할 수 있다.

게다가 공천심사위원회 위원들이 외부 인사로 채워지다 보니 정치를 모르는 사람이 정치할 사람을 고르는 꼴이다. 여론조사를 통해 경쟁력을 판별하다 보니 유권자들이 조금이라도 얼굴을 알아보는 사람이 더 유리하다. 특히 노무현 전 대통령처럼 많은 유권자가 좋아하는 특정 정치인과 특별한 인연을 맺고 있는 경우라면 금상첨화다.

이처럼 '한심한' 정치가 가능한 것은 선거법과 선거제도 때문이다. 현행 선거법은 직업·소명으로 정치를 하고자 하는 사람이 지역에서 시작하는 것을 사실상 불가능하게 하고 있다. 지역에서 이해관계를 규합하고, 정치적 반대를 조직화하고, 현역에 대한 낙선 운동이나 비판 등 기성establishment에 대한 그 어떤 도전도 원천 봉쇄하고 있다. 사전 선거운동 금지라는 명목 때문이다.

모든 정치적 권위나 정통성의 창출자인 유권자가 국회의원 임기 4년 중 단 며칠 동안만 선거운동을 할 수 있다면 이것은 헌법 정신에 어긋난다. 반민주적 제도다. 유권자를 국회의원 임기 4년의 거의 대부분을 무권자로 지내도록 강제하기 때문이다. 이렇게 정치를 동네 밖의 공동묘지처럼 멀찌감치 떨어트려 놓으면 누구라도 정치의 효능을 발견하기 어렵고, 기피할 수밖에 없다.

선거제도에 의한 영향도 있다. 소선거구제-단순다수제는 1~2위 정당에 특혜를 주는 시스템이다. 1표라도 더 얻는 사람이 모든 것을 얻는 승자독식이기 때문에 될 사람, 즉 1등과 2등에게 표를 몰아주게 된다. 진심 투표보다 전략 투표가 체계적으로 유인된다. 어차피 내가 좋아하는 후보에게 표를 줄 수 없으니 꼼꼼하게 따지기보다 대충 정하기 마련이다. 그가 좋아서가 아니라 누군가가 싫어서 그의 당선을 막기 위해 표를 주는 셈이다. 선호의 자연스런 표출을 막는 시스템인 것이다. 자질과 의지에 상관없이 1등과 2등이라는 이유만으로 기계적으로 확보되는 표는 후보를 방심하게 만든다. 복권으로 번 돈을 막 쓰는 것에 비유할 수 있다.

단순다수제는 선호도에서 1위와 2위를 차지하는 후보가 우위를 누린다. 좋아하는 정도에 순위를 매긴다면 어떤 후보를 두 번째로 좋아하는 유권자가 제일 많아도 이것은 의미가 없다. 여론조사를 통해 첫 번째 선호만 수치로 평가되기 때문이다. 첫 번째 선호도에서 30퍼센트를 받는 사람이 두 번째 선호도에서 50퍼센트를 받는 사람보다 과연 지지율이 높다고 할 수 있을까? 그뿐만 아니라 3위부터 그 아래의 지지율을 기록한 후보들은 거의 폭력적으로 배제된다.

단순다수제는 제1야당 후보에게 막대한 혜택을 부여한다. 여당에 반대하는 유권자는 여당의 후보를 떨어트리기 위해 유력한 야당 후보 1명에게 표를 몰아줄 수밖에 없다. 표를 분산시키면 패배하기 때문이다. 이를 반대의 독점이라고 부른다. 따라서 지역에 뿌리를 내리면서 차근차근 성장하기보다는 거대 정당의 공천에 매달리는 것이 훨씬 유효한 접근이다. 지역구의 인구 규모가 작으면 모를까 지금처럼 의원 1인당 평균 16만 명이 넘는 구조인데다, 보통 4년 임기 동안 이사 등으로 지역 구민의 3분의 1이 바뀌는 상황이라 지역의 풀뿌리 활동을 통해 직업정치인으로 성장하기는 무리다.

청년이 정치에 뜻을 두고 있다면 지금의 제도는 그에게 변호사나 의사, 교수가 될 것을 요구한다. 이른바 쇼닥터show doctor나 방변(방송 출연 변호사), 텔리페서(또는 미디페서)가 롤 모델이다. 정당에 들어가는 길도 있으나 당료黨僚 출신 국회의 원이 워낙 극소수라 하나의 루트라고 말하기 어렵다. 정치 전 문가인 보좌관으로 경험을 쌓는 것이 더 나을 수 있다. 그가 보좌한 의원이 실세가 되거나 대통령이 되면 경력을 쌓아 공 천을 받을 수 있기 때문이다.

직업정치인이 되고자 할 때 생계 문제도 난제다. 요행히 당선되더라도 구·시 의원이든 국회의원이든 세비만으로 생 계와 정치 활동을 동시에 충족하기 어렵다. 국회의원은 후원 회가 가능하지만 생각보다 모금이 쉽지 않다. 정치 불신 때문 에 익명의 소액 기부는 미미하고, 지인이나 이해관계자의 고 액 기부가 다수다.

아무리 정치적 자질이 뛰어나고, 열정이 넘친다고 하더라 도 정치 활동을 통해 먹고사는 문제가 해결되어야만 정치에 뛰어들 엄두를 낼 수 있다. 그런데 그것이 현실적으로 대단히 어렵다. 누군가에게서 이른바 '스폰sponsoring'이 있어야 가능하다. 이는 부정과 비리로 연결되기 십상이다.

　지역 구민의 삶을 살피고 챙기는 것이 유능한 정치라면, 정치인은 지역의 풀뿌리 조직에서부터 성장하는 것이 좋다. 버락 오바마만 하더라도 본격적으로 정치에 뛰어들기 전 미국 내 풀뿌리 사회운동이 가장 활발한 시카고의 흑인 공동체에서 민주당 풀뿌리 조직의 조직가community organizer로서 활동을 했다.

　이처럼 지역에서 검증받고 성장한 정치인이라면 당연히 유권자를 쳐다보고, 그들의 삶을 챙기는 정치를 펼치기 마련이다. 지역을 잘 모르는 채 스펙이나 인지도 때문에 국회의원이 된다면, 그가 유권자를 보고 정치할 까닭은 없다. 좋은 정치와 좋은 정치인이 나오는 유일한 길을 유권자를 두려워하는 정치가 이루어지도록 시스템을 개편하는 것이다. (2019년 5월 1일)

좋은 정치인은
─── 어떻게 ───
만들어지는가?

보수정치와
진보정치

　　　　　　보수는 지키려 한다. 약간의 수정은 인정하지만 현실의 질서를 존중한다. 그 때문에 이익의 보존이라는 단일한 이해 때문에 내부 갈등이 별로 없다. 기득권을 어떻게 지킬 것인지에 대한 고민에 집중한다. 그래서 보수는 지키는 방법, 즉 전략에 강하다. 그 대신 가진 것을 지키려다 보니 부패에 약하다. 반면에 진보는 바꾸려 한다. 현상status quo을 100퍼센트 부정하지는 않지만 바꿀 게 많다고 본다. '더 좋은 사회', 즉 아직 실현되지 않은 가능성을 열망한다. 그 때문에 논리적일 수밖에 없고, 갑론을박이 불가피하다. 그래서 진보는 대체로 분열하는 경향이 있다.

게다가 진보는 현실을 부정하고 더 나은 미래를 실현하고자 하기 때문에 삶의 온갖 유혹을 견뎌내야 한다. 강한 신념으로 버틸 수밖에 없다. 그 결과 품이 좁고, 타협을 거부한다. 그래서 진보가 정치 문법에 익숙해지거나 정치를 통해 세상을 바꾸는 것은 아주 어렵고 힘든 일이다. 정치는 막스 베버의 말대로 "열정과 균형적 판단 둘 다 가지고 단단한 널빤지를 강하게 그리고 서서히 구멍 뚫는 작업"이기 때문이다. 그런데 역사를 통해 분명하게 확인된 것은 진보가 정치를 효과적으로 활용할 때 세상이 더 좋아진다는 사실이다.

보수는 현실의 이해를 지키는 것이 주목적이다. 자본주의에서 이것은 자본·기업을 보호하고 지원하는 것으로 나타난다. 그 때문에 보수는 친기업pro-business이다. 강자의 편이다. 반면 진보는 어떻게 해서든 현상을 바꿔보고자 한다. 이는 노동·노조의 힘을 키우는 것으로 나타나기 때문에 친노동pro-labour이라 할 수 있다. 약자의 편이다.

보수의 정치는 정치를 위축시키고, 결사체의 구성을 저지하거나 그 활동을 제어하는 것에 주안점을 둔다. 지금의 보수가 따르는 신자유주의는 반노동과 반정치를 양대 축으로 한다. 자본주의하에서 사회경제적 약자들의 가장 강력한 결사체가 바로 정당과 노동조합이기 때문에 이를 약화시키는 것이 보수의 기본 관점이자 전략일 수밖에 없다.

현상을 바꾸고자 진보정치를 하는 것인데, 그 동력이 정치의 기능에 있더라도 실제 권력을 장악하지 않으면 그 힘이 발현되기 어렵다. 따라서 민주정치에서 진보가 1인 1표 시스템을 통해 다수연합을 만들어내지 못하면 사회 변화 또는 사회경제적 약자들을 보호하는 정책이나 제도의 도입은 사실상 기대하기 어렵다.

유능한 진보가 존재함으로써 받는 경쟁의 압박이 없는데 선한 보수가 알아서 사회경제적 약자들에게 유리한 '좋은 사회'를 만들어내지는 않는다. 그럴 이유가 없다. 따라서 어떻게 정치적 다수를 만들어낼 것인지가 중요한데, 이것이 바로 진보의 실력에 해당하는 문제다. 이는 신념정치가 아니라 책임정치의 문제이기도 하다. 다음은 정치학자인 박상훈 박사의 말이다.

"보수와 달리 진보는 민주정치에서 많은 핸디캡을 갖는다. 기성 체제의 수혜자로서 보수는 자신들에게 유리하게 편재되어 있는 '지금의 현실'을 고정시켜 해석하는 것만으로도 프리미엄을 얻을 수 있다. 반면 진보는 운명적으로 '지금의 현실이 변화되고 개혁된 미래'를 행위의 기준으로 삼아야 하는 존재이기에 어려움이 많다. 당연히 어떤 미래여야 하는가를 둘러싼 관점과 지향은 여럿일 수밖에 없고, 그렇기에 정파적 분열과 사상 투쟁의 가능성은 상존한다. 누군가 뛰어난 사람이 등장해 개혁되고 진보된 미래사회의 모습을 제아무리 잘 이론화한다고 하더라도, 그것이 갖는 불확실성 때문에 언제나 '확신의 딜레마'를 안을 수밖에 없기도 하다."

진보는 이렇듯 늘 보수에 비해 불리하다.

"그것이 의미하는 바는 분명하다. 보수와 달리 진보는 실력이 없으면 정치적으로 성장하기 어렵다는 것이다. 그런 '구조적 불이익'에 맞서 물리력이나 폭력을 동원할 수도 없다. 그런 시도는 그들을 곧 '반민주' 세력으로 만들거나 혹은 정치적으로 배제되는 계기로 작용할 것이다. 따라서 '혁명의 방법'이 아니라 '민주주의 방법'으로 보수와 경쟁하는 일은 애당초 진보에게 불공정한 게임인 면이 분명 있다. 그러나 진보가 넘어서야 할 도전의 벽이 높다는 바로 그 사실 때문에, 인간의 역사에서 진보의 성취가 더 빛나고 그 효과도 오래간다는 점도 분명하다."

진보정치의
조건

　　　　　무엇이 유능한 정치를 가능하게 할까? 선거 때마다 수없이 반복해서 사람을 대거 바꾸는 물갈이 공천을 하고, 스펙이 좋거나 심성이 착하거나 잘 알려진 사람들을 발탁해도 정치의 질은 전혀 나아지지 않았다. 정치와 유권자 간에 만리장성이 쌓여 있기 때문이다. 정치를 풀고 정치의 역동성을 열어야 한다. 이것이 정치가 유권자나 사회경제적 약자들의 삶에 반응하도록 하는 유일한 해답이라 할 수 있다.

　　또 사람만 볼 뿐 좋은 정당에 대한 문제의식이 없는 것도 다른 이유다. 좋은 정당이 존재해야 좋은 정치가 가능하다. 다수대표제에 의한 인물 중심의 정치보다 비례대표제에 의한 정당 중심의 정치에서 더 나은 사회가 가능했다는 것은 경험적으로 확인된다. 정치의 기본단위를 인물보다 정당에 두는 것이 현명한 선택이다. 그래서 선거제도가 중요하다.

　　깊이 고민해야 할 게 하나 있다. 착한 인물과 좋은 정치인의 상관관계다. 착한 심성을 가진 사람, 선한 의지로 충만한 사람이 곧 좋은 정치인으로 성공할 수 있는 것은 아니다. 오히려 더 어렵다. 선의와 신념을 말하는 정치인일수록 정치 문법에 약해 성과를 만들어내지 못하거나, 심성이 착할수록 타협에 주저하기 쉽다. 사과나무에 대한 평가는 사과의 맛으로 평가해야 하듯이, 정치인은 성과로 평가해야 한다. 그런 점에서 진정성의 정치는 유능한 정치의 등장을 저해한다. 정치에서는 선의보다는 결과, 마음보다 실력이 핵심이다.

좋은 정치인은 지능지수나 스펙, 인격, 인지도 등과 상관없이 누구를 대표representation할 것인지와 어떻게 책임accountability질 것인지를 분명하게 알고 실천하는 정치인이다. 이런 정치인, 이런 정치 활동이 정치·사회적으로 보상받는 인센티브 시스템을 만들어주어야 한다. 또 대표되는 유권자들과 조직적·정책적 연계linkage가 튼실해야 한다. 결국 추상적으로 말하면 유권자의 이해와 요구, 선호와 열정에 충실한 정치인이 유능해진다. 그런 정치인이 보상받는 시스템을 만들어주어야 한다는 이야기다.

프레임으로 설명하면 이렇다. 진보는 사회경제적 프레임을 가동할 수 있을 때, 이 프레임 속에서 보수와 대비되는 '쉽고 간명한' 이슈를 부각하면서 차별화할 수 있을 때 승리할 수 있다. 그렇지 못하면 패배한다. 일반적으로 평가하면, 진보는 정치·도덕적 프레임으로 승리하기 어렵다. 한국에서는 분단체제의 효과까지 있어 더더욱 그렇다.

2012년 총선과 대선에서 진보가 패배하고, 2010년 지방선거와 서울시장 보궐선거에서 승리한 이유는 간단하다. 전자는 사회경제적 프레임에서 차별성을 보여주지 못했고, 후자는 그것을 보여주었다. 2010년 지방선거는 무상급식이라는 쉽고 간명한 이슈로 복지에 대한 정당 간의 차이를 선명하게 드러냈다. 복지 프레임이 천안함의 안보 프레임을 제압했다.

미국 하버드대학 대니 로드릭Dani Rodrik, 1957~ 교수는 이렇게 정리한다.

"더 치명적인 다른 방법은 정치 지도자들이 선거에서 이기기 위해 선택하는 전략이다. 경제 엘리트의 이해를 주로 대변하는 정치인은 대중에게 호소하기 위해 다른 방법을 찾아야만 한다. 민족주의, 지역적·계층적 분파주의, 경제적 이해보다는 문화적 가치나 상징에 의존하는 정체성 등이 대안들이다. 정치가 이런 데에 토대를 두면 뿌리 깊은 문화적·심리적 표식을 프라이밍하는 데 성공한 세력이 승리하고, 경제적 이해를 잘 대표하는 세력은 패배한다."

앤서니 다운스Anthony Downs, 1930~도 기념비적인 저서 『경제 이론으로 본 민주주의』에서 같은 언급을 하고 있다.

"양당제에서 유권자들은 두 개의 이데올로기가 모두 위치해 있는 중도의 범위로 모인다. 따라서 그들은 인물 변수,

(본질적인 것이 아닌) 기술적 차원의 경쟁력, 혹은 여타 이데올로기적 요인personality, or technical competence, or some nonideological factor을 결정적인 것으로 보는 경향이 있다."

정치의 소임은 갈등의 사회화에 있다. 사회화는 숱하게 많은 부분 갈등을 한 사회가 풀어야 할 과제로 제기하는 한편 그것을 개인적 부담이 아니라 사회적으로 해결하는 것을 뜻한다. 어떤 갈등·균열을 사회화하고 있는지에 따라 그 사회의 성격과 질, 힘의 관계 등이 영향을 받는다. 심지어 누가 권력을 잡는지도 여기에 달려 있다. 어떤 갈등을 사회화해서 국가 의제로 만들어내느냐 하는 것이 정치세력의 실력을 가늠하는 첫 번째 지표다.

등장한 갈등을 어떻게 규정하느냐는 정치적 성패에 상당한 영향을 미친다. 김용균의 죽음을 개인적 사고로 보느냐 사회적 참사로 보느냐에 따라 그 파장은 사뭇 다르다. 이렇듯 하나의 갈등을 어떻게 정의define하는지는 정치세력 간의 경쟁이나 선거에 매우 중요한 요인이다. 그런데 갈등을 대체substitute하는 것도 이에 못지않게 중요하다. 한 정치세력이 A 갈등을 의제화하려고 하면 다른 정치세력은 B 갈등을 의제화하려고 할 수도 있다. 어떤 갈등을 의제화할 것인지를 두고 정치세력 간에는 치열한 다툼이 펼쳐질 수밖에 없다. 선택된 갈등이 곧 누군가에게는 유리하고 누군가에게는 불리할 수 있기 때문이다.

자신이 대표하고자 하는 자신의 지지층에게 필요한 갈등을 의제화해내는 것이 정치세력의 일차적 과제라면, 사회경제적 약자들을 대표하는 진보세력은 사회경제적 어젠다를 부각하려고 노력해야 한다. 다수를 점하고 있는 사회경제적 약자들이 계층적 이해관계를 잣대로 정치를 바라보고 선거에 참여하는 것이 그들에게 가장 유리하기 때문이다. 선택된 의제들이 정치적으로 경쟁하는 틀이나 갈등 구조를 어젠다 세팅이라 부를 수 있다.

주목할 것은 의제화와 이슈화가 다르다는 점이다. 의제로 만드는 데 성공했다고 해서 그것이 곧 정치적 경쟁이나 선거에서 위력을 발휘할 것이라고 생각한다면 그것은 안이한 판단이다. 의제화가 자신이 중요하게 여기는 갈등을 부각하는 것이라면, 이슈화는 그것을 중심으로 정치적 경쟁이 펼쳐지거나 대중적 호오好惡가 형성되는 것을 말한다.

2012년 대선을 상기해보면 차이를 쉽게 알 수 있다. 민주통합당(현재 더불어민주당)은 복지와 경제민주화를 초반에 의제화하는 데 성공했다. 그러나 새누리당(현재 자유한국당)이 기존의 태도를 바꿔 복지와 경제민주화 의제를 수용해버리자

이 의제는 선거의 쟁점으로 등장하지 못했다. 의제화에는 성공했으나 이슈화는 하지 못했다는 이야기다. 의제화는 어떤 갈등의 중요성을 부각하는 것이고, 이슈화는 갈등 해법의 차별성을 부각하는 것이다. 정치나 선거에서 중요한 것은 이슈화다. 간혹 의제화만으로 승리하기도 하지만 결정적 요인은 이슈화 여부다.

정치세력의 실력도 이슈화에서 차이가 확연하게 드러난다. 성패가 의제화 여부에 있는 만큼 진보정당·세력은 보수정당·세력과 다른 차별화된 해법을 손에 잡히게 보여주어야 한다. 쉽고 간명한 쟁점으로 양자의 차이를 드러나게 해야 한다. 그렇지 못하면 좋은 시도에도 지지층의 동원과 확충에 심각한 한계를 드러내게 될 것이다. 과거의 방식으로 돌아가자는 반론도 강해지게 된다. 그들에게는 미국의 정치학자인 엘머 에릭 샤츠슈나이더의 충고가 답이다.

"모든 패배한 정당·대의·이익은 기존의 노선을 따라 계속 싸움을 벌일 것인지 아니면 낡은 싸움을 포기하고 새로운 연합을 형성하고자 노력할 것인지를 결정해야만 한다. 여기서 가장 우려스러운 사태는 기존의 싸움을 계속하려는 완고한 소수파들이 어리석게도 낡은 갈등 구조를 동결시켜 영원히 고립된 소수파로 남게 되는 경우이다."

5·18민주화운동과 박근혜 탄핵을 부정하는 2019년 2월의 자유한국당 전당대회를 보면, 그들은 '고립된 소수파'를 자처하는 것 같다(이 전당대회에서 황교안 전 총리가 55.3퍼센트의 지지를 얻어 당 대표에 선출되었다). 진보든 보수든 패배한 균열에 집착해서는 승리할 수 없다는 사실을 명심해야 한다.

착한 사람이
좋은 정치인이 될까?

흔히 권력의지라는 말을 쓴다. 어떤 자리를 차지하기 위해, 또는 권력을 잡기 위해 열망하고 분투하는 의지를 말한다. 정치하는 사람에게는 이런 권력의지가 있어야 한다. 어떤 일을 이루어내려면 강한 의지가 뒷받침되어야 하기 때문에 정치하는 사람에게도 이런 의지는 반드시 필요하다. 하지만 권력의지를 정치인의 첫 번째 필요조건으로 삼으면 중요한 가치 전도가 일어날 수도 있다. 권력을 향한 열망만 드러낼 뿐 그 권력을 통해 무엇을what 할 것인지, 또 어떻게 how 할 것인지에 대한 관점이 뒷전으로 밀리기 때문이다.

"모든 사람은 정치인이다. 누구든 자신의 생각을 전하고 움직이면 사회를 바꾸고 세상을 바꿀 수 있다." 스웨덴의 총리를 지낸 스벤 올로프 요아킴 팔메Sven Olof Joachim Palme, 1927~1986의 이 말처럼 누구나 정치적 인격을 동등하게 소유하고 있고, 누구나 정치에 참여하는 사람이어야 민주주의가 제대로 작동하는 것은 맞다.

하지만 정치도 하나의 전문 기예技藝이기 때문에 누구나 정치를 직업으로 삼을 수는 없다. 흔히 정치는 과학science이 아니라 예술art이라고 하는데, 이는 정치를 잘하기 위해서는 지능이나 지성 또는 학력이 중요한 것이 아니라는 의미를 담고 있다. 이런 점에서 권력의지가 강조되는 것은 수긍할 수 있다. 그럼에도 권력의지보다는 막스 베버가 말한 '책임윤리'가 정치인을 말할 때 더 정확한 개념인 듯싶다.

한 사회에서 그 구성 원리나 지향하는 가치 등 골간骨幹에 대한 합의가 이루어져 있다면, 정치인에게 요구되는 기예가 그렇게 강조될 필요가 없다. 정치적 대표성이 제대로 보장될수록 정치의 기술적 측면이 줄어들지 모른다. 그러나 한국 사회처럼 그 사회의 대강을 이루는 메인 어젠다에 대한 합의가 없고, 사회세력 간에 치열한 갈등과 대립이 일상화되어 있다면 정치인에게는 더 많은 기예를 요구할 수밖에 없다. 좋은 정치인이라면 열심히 자신이 대표하는 사람들에게 반응하고 책임져야 하지만 결과를 만들어내기 위해서는 정치 문법에 능통하고, 창조적이며, 때로는 과감해야 한다.

이렇듯 좋은 사람이 좋은 정치인이 되는 것은 아니다. 어쩌면 더 어렵다. 착한 심성과 선의지로 뭉친 사람일수록 신념에 충실하게 되고, 그러다 보면 자연스럽게 타협에 둔하고 정치 기예를 거부하기 쉽다. 정치인은 의도가 아니라 결과로 평가되어야 한다. 그 의도가 좋았다는 데 주목하면 결과의 부실이나 부재를 용인하는 것이 된다. '열심히 했으나 역부족이었다.' 전형적인 무능의 알리바이다.

정치인이 사회경제적 약자들을 대변하고 대표하는 일에 관심조차 두지 않기 때문에 그들의 이해와 요구를 받아들여 뭔가 해보려 하는 것은 긍정적으로 평가할 일이다. 공동체의 구성원이 서로에 대해 잘 알고, 오랫동안 보아왔다면 착한 사람이 대표로 선출될 수도 있다. 하지만 누가 누군지도 제대로 모르는 익명의 사회나 단절된 사회에서 제대로 '알고' 대표를 선출하는 것은 거의 불가능하다. 특히 현재의 선거법처럼 정치인과 유권자 사이를 갈라놓고 서로 등지게 하면 앎의 정도는 더더욱 얄팍해지기 마련이다.

그 때문에 이러저러한 다른 잣대로 판단해볼 수밖에 없다. 스펙을 따지고, 캐릭터를 살피고, 스피치를 듣고, 출신 지역을 확인하고, 입소문에 귀를 기울인다. '모르는' 유권자로서는 이것이 합리적 결정이다. 선거를 통해 좋은 사람이 걸러질 것이라는 생각은 환상이다. 하나의 선거만 놓고 보면, 선거는 누구나 예외 없이 결정에 참여한다는 것일 뿐 좋은 사람이 선택될 가능성을 보장하지 않는 기제다.

이렇듯 선거 정치electoral politics는 일상 정치everyday politics와 긴밀하게 연동되어야 한다. 일상 정치에서 이루어지는 평가가 선거 정치에서 이루어지는 투표로 나타나야 그나마 좋은 인물을 선택할 수 있기 때문이다. 또 선거에서 뽑힌 사람이 착하든 착하지 않든 그의 정치 활동이 유권자의 삶을 살피는 것이 되도록 강제하는 것이 중요하다. 이것 역시 일상 정치에서 정치인이 유권자를 의식하고 두려워하게 해야 가능하다.

미국의 정치학자인 애덤 쉐보르스키Adam Przeworski, 1940~가 표를 종이짱돌paper stone에 비유한 참뜻이다. 선거에서 표를 던지는 것은 일상 정치에서 유심히 살펴보다가 잘못한 것에 대해 짱돌을 던지면서 규탄하고 응징하는 것이다. 여러 사람이 던지는 짱돌에 피투성이가 되지 않으려면 정치인은 유권자의 이해와 요구에 민감하게 반응해야 하고, 실질적으로 책임져야 한다.

책임정치인의
조건

　　서강대학교 현대정치연구소가 지난 2014년 10월에 실시한 여론조사 결과, 정치 지도자들이 갖춰야 할 리더십과 관련해 일관성과 융통성 중에서 62.6퍼센트가 융통성을 선택했다. 따뜻한 감성(30.2퍼센트)에 비해서는 냉철한 이성(65.2퍼센트)을 요구하는 비율이 높았고, 결단력(50.1퍼센트)을 갖춰야 한다는 응답이 신중함(45.2퍼센트)보다 조금 높았다. 국민들은 감성에만 매달리는 것이 아니라 냉철한 이성적 판단을 내릴 수 있으면서도 뛰어난 소통 능력을 겸비한 융통성 있는 정치 지도자를 원한다고 할 수 있다.

　　이 조사에서 주목할 것은 따뜻한 감성보다 냉철한 이성을 2배가량 더 선호한다는 사실이다. 서강대학교 현대정치연구소 서복경 박사의 정리는 핵심을 잘 짚고 있다.

　　"유권자들은 그저 감성의 위로만을 얻을 수 있는 정치인보다 냉철한 이성으로 사태를 꿰뚫어보고 대안을 제시할 능력을 가진 정치인을 더 원한다는 것이다.……유권자들에 대한 정치인의 공감과 위로, 당연히 필요하다.……그런데 여기에서 한 발 더 나아가 유권자가 처한 복잡한 현실을 쉽게 해석할 수 있도록 도와주는 시야와 논리, 문제를 해결할 수 있는 대안과 방법, 경로까지 제시하는 건 정치만이 할 수 있는 기능이다.……정치인의 소통은 대한민국 유권자의 삶과 생활에 대한 이해를 전제로 해야 한다.……어떤 정치인이 아무리 선한 의도를 가지고 유권자와 '통'하려고 해도, 유권자의 삶과 생활에 대해 무지하다면 그 정치인을 보는 유권자는 '통'하기 전에 먼저 숨이 '턱'하고 막힐 수밖에 없다."

좋은 정치인은 유권자의 삶에 대해 알아야 하고, 그 삶에 대해 책임을 져야 한다. 정치인이 유권자의 삶에 대해 알게 하는 방법이 몇 가지 있다. 가장 쉬운 방법은 보통의 삶을 살고 있는 사람 중에 정치인을 배출하는 것이다. 이런 점에서 변호사나 의사, 교수 등 성공한 사람보다 사회경제적 약자라 할 수 있는 노동자나 농민, 자영업자 등이 더 좋은 정치인이 될 수 있다. 물론 사회경제적 약자나 저소득층 출신이더라도 얼마든지 변질될 가능성이 있다. 국회의원이 누리는 지위에 따른 효과(지위 효과), 그가 부득불 권력을 다루어야 하는 것에 따른 효과(권력 효과), 언론 등의 집요한 길들이기, 동료평가 peer review 등으로 인해 얼마든지 '타락'할 수 있다.

아무리 당위적으로 유권자의 삶을 챙겨야 한다고 한들 그의 정치적 성패가 그것에 의해 결정되지 않는다면 그를 강제하기 어렵다. 인센티브가 유권자를 향하도록 해야 한다. 하지만 지금은 성패의 핵심 요인이 공천이기 때문에 계파나 실세를 향할 수밖에 없다. 정치인이 유권자의 삶을 알게 하고, 유권자는 정치인의 활동에 대해 알게 하는 방법은 간단하다. 경쟁 시스템을 강화하는 것이다. 이를 위해서는 노동조합 등 직능단체, 각종 결사체의 정당 연계가 필수적으로 강화되어야 한다. 대중적 명망성이 아니라 조직적 연계성을 중시하도록 해야 한다. 추상적인 대중이 아니라 구체적인 집단이나 계층을 대표하도록 해야 한다.

정치인이 유권자의 삶에 책임을 지게 하려면 무엇보다 선거에서 상벌이 제대로 이루어져야 한다. 책임지는 정치인이 되려면 실력이 있어야 한다. 다시 막스 베버다. "중요한 것은 삶의 현실을 있는 그대로 들여다볼 수 있는 단련된 실력, 그런 삶의 현실을 견뎌낼 수 있는 단련된 실력, 그것을 내적으로 감당해낼 수 있는 단련된 실력이다." 실력을 갖추고 책임윤리를 따르는 정치인, 우리에게 필요한 정치인은 이런 책임정치인이다. (2019년 4월 1일)

국회,
잘하고
있는가?

국회선진화법과
비토크라시

흔히들 민주화 이후 국회의 힘이 세졌다고 한
다. 과거 통법부通法府에서 벗어나 국회가 행정부를 견제check
함으로써 삼권 간에 균형balance이 실효화되면서 나온 말이다.
물론 민주화 이전에 비하면 현재의 입법부는 많이 강화된 것
이 사실이지만, 아직 국가권력의 대부분은 행정부에 있다.

국회가 힘이 셀 때는 여소야대일 때다. 과거에는 여당이

과반 의석을 무기로 날치기 또는 강행 처리로 야당의 반대를 무력화했다. 야당은 몸싸움과 농성, 장외투쟁 등으로 대응했다. 그래서 나온 말이 동물국회다. 하지만 야당이 더 많은 의석을 가지는 상황이 되면 강행 처리는 불가능해진다. 어쩔 수 없이 타협할 수밖에 없다. 행정부가 과반 의석을 가진 여당을 통해 입법부를 누르던 구도에서 행정부와 입법부 간의 대치 구도로 바뀐다.

우리 국회는 제19대부터 국회선진화법을 시행하고 있다. 국회선진화법의 골자는 여당이 과반 의석을 무기로 쟁점 법안을 마음대로 처리할 수 없도록 한 것이다. 법안 처리를 위해 2분의 1이 동의하면 되던 것을 5분의 3으로 바꾸었다. 이 법으로 여당이 과반 의석을 갖더라도 전체 의석의 5분의 3, 즉 180석 이상을 갖지 못하면 법안을 마음대로 처리할 수 없게 되었다. 어느 정당이든 180석 이상을 획득하기란 사실상 불가능하기 때문에 여당 소속의 국회의장에 의한 직권상정과 야당의 반대에도 과반 의석을 가진 여당이 법안을 강행 처리하는 '적폐'는 역사의 뒤안길로 사라졌다.

여당이 과반 의석을 갖지 못한데다 국회선진화법으로 인해 입법부의 권한이 커졌다. 특히 야당이 반대하면 사실상 아무것도 할 수 없게 되었다. 이런 상황에서는 입법 교착legislative gridlock이 수시로 일어나고, 서로 대치하다 어떤 결정도 내리지 못하는 국회do-nothing congress의 모습이 자연스럽다. 미국 스탠퍼드대학 프랜시스 후쿠야마 교수는 이런 상태를 비토크라시라고 명명했다. 야당의 거부veto 때문에 민주주의가 작동 불능 상태에 빠진다는 이야기다.

프랜시스 후쿠야마 교수가 비토크라시를 언급한 이유는 근래의 미국 정치가 보여주는 파행 때문이다. 여소야대하에서 민주당·공화당 양당 간의 극한 대치로 인해 나라의 예산안을 제때 처리하지 못하고, 그에 따라 행정부가 문을 닫는 지경shut down에 이르는 경우가 대표적인 예다. 사실 따져보면 비토크라시는 삼권분립을 원칙으로 하는 대통령제의 본질적 약점이다. 태생적 한계라고 할 수 있다.

대통령제라는 이름은 대통령 우위의 체제인 듯한 착시현상을 불러일으킨다. 그러나 내용적으로 대통령제의 본질은 삼권분립이다. 법을 만드는 입법부, 그 법을 집행하는 행정부, 그것을 심사하는 사법부, 이 삼권三權 간의 견제와 균형이 대통령제의 본질이다. 사법부의 심사권judicial review은 그 자체로 독자적으로 행사될 수 있어 다른 이권二權과 충돌하는 경우가 거의 없다. 과거 뉴딜개혁 때 주요 뉴딜법안을 위헌으로 판정한 사법부에 대해 루스벨트 행정부가 강하게 반발하며 대법관 증원court packing으로 맞섰던 경우는 드문 예다.

문제는 입법부와 행정부 간의 대립이다. 대통령(행정부)과 국회의원(입법부) 모두 선거를 통해 선출되기 때문에 각기 정통성을 갖는다. 누가 누구에게 예속될 수 없다. 문제는 대통령과 입법부가 대치하는 상황이다. 이런 상황은 대체로 대통령이 속한 정당이 의회에서 소수파일 때 발생한다. 헌법이나 법률에는 이 대치 상황을 해결하는 조항이 없다. 따라서 비토크라시는 대통령제의 제도적 허점이다.

그동안은 미국의 양당 내에 온건파 또는 중도파가 존재함으로써 대치보다는 타협을 이루어냈다. 그러나 근래에는 양당 모두 중도파를 몰아냄으로써 각자의 정체성에 입각해 거의 모든 타협을 거부하고 있어 내장되어 있던 제도적 약점이 확연하게 드러나게 된 것이다.

역사적으로 민주주의는 왕정에 대립하는 의회의 역할로 발전해왔고, 현대사회는 법치 사회인 탓에 법을 만드는 입법부의 역할이 선차적일 수밖에 없다. 이 때문에 의회가 큰 힘을 갖는 것은 당연하고 옳다. 그렇다고 해서 강한 의회를 장악한 한 정당이 다른 정당 소속의 대통령에 대해 무조건 반대만 함으로써 국정이 마비되는 것은 옳지 않다.

우리는 어떤가? 미국과 비슷한 듯하나 좀 다르다. 같은 대통령제이기 때문에 비토크라시라는 제도적 약점을 피할 수는 없다. 그런데 미국처럼 강한 의회라고 할 수 있을지는 의문이다. 강한 힘은 무엇인가를 하게 하거나 하지 못하게 하는 결정권이다. 대한민국의 의회는 무엇인가를 하게 하는 긍정 권력positive power이 약하다. 정당과 의원들에게 그만한 실력이 없고, 있다 해도 발휘할 구도가 없기 때문이다. 반면 뭔가를 못하게 하는, 즉 변화를 거부하는 부정 권력negative power은 강하다. 긍정 권력은 약한데, 부정 권력은 세다고 할 때 과연 이를 '강한' 의회라고 할 수 있을까?

의회가 대통령의 뜻에 따라 좌지우지되지 못하도록 만들기 위해 만든 법이 국회선진화법이다. 그런데 엉뚱하게도 대한민국의 의회는 국회선진화법으로 인해 오히려 힘이 약해졌다. 국가 제도로서 의회는 국정을 선도하는 쪽으로 권한을 행사하기보다 야당의 반대 때문에 교착의 교두보로서 역할을 할 따름이다. 국회선진화법은 의회가 아니라 야당의 힘을 강하게 만들었다. 의도와 다른 결과다.

정당에 포획된
국회

        대한민국 의회가 행사하는 권력 중에 대표적인 것이 국정감사와 법안·예산 심의다. 그중에서 가장 주목을 받는 것이 국정감사다. 10월 10일부터 29일까지 2018년 국정감사가 있었다. 언론의 평가를 보면 2018년 국정감사도 예년 그대로 거의 낙제점을 받는 것 같다. 경제정의실천시민연합의 국정감사 평가다.

   "2018년 국감은 의원들의 전문성 부족, 여당의 피감기관 감싸기 속에 야당의 문제 제기와 대안 제시 등 전략 부재, 국감을 대하는 의원들의 준비 부족 등 전체적으로 '부실·맹탕 국감'으로 끝났습니다. 당면한 현안에 대한 근본적인 지적도 하지 못하고, 대안 제시도 없이 정치적 공방만 이어진 것에 국민들의 정치 불신은 더욱 커졌습니다."

   국정감사는 입법부가 행정부를 감시 또는 견제하기 위한 것이므로 여야 차원으로 접근할 일이 아니다. 하지만 현실에서는 여당은 행정부를 감싸고, 야당은 행정부를 때린다. 과거 여당일 때 옹호했던 일도 야당이 되면 비판한다. 야당 때 그렇게 공격했는데 여당이 되더니 방어하기 바쁘다. 여냐 야냐

하는 처지에 따라 태도가 바뀌는 이른바 '처지즘'이다. 언론이 국정감사 무용론을 이야기하는 논거 중의 하나다.

여당이나 야당이 왜 그렇게 하는지 이해할 정황은 있다. 먼저 여당은 정책이든 법안이든 번번이 당정 협의를 통해 정부와 함께 추진해왔기에 국정감사 때 여당의 처지를 떠나 입법부의 처지에서 비판하는 게 영 이상하다. 자신이 한 일을 자신이 평가하는 꼴이 되기 때문이다. 야당은 견제와 균형을 추구하는 게 아니라 제재와 균열을 추구한다. 승자가 독식하는 제로섬의 정치제도하에서는 정부 · 여당이 실패해야 야당에 기회가 오기 때문이다.

선거민주주의는 승자에게 통치의 기회 또는 권한을 준다. 주기적으로 평가해 잘잘못을 따진다. 이 기제는 어쩔 수 없이 정부 · 여당에 우선권을 준다. 여야를 공평하게 놓고 누가 더 잘하는지 평가하지 않는다. 여당이 성공하면 계속 기회를 주고, 여당이 실패해야 야당에 기회를 준다. 그러니 야당은 어떻게 해서든 여당이 실패하도록 만들기 위해 노력한다. 야당이 집권할 만한지는 그다음 차원의 고려 사항이다.

야당은 침소봉대針小棒大, 견강부회牽強附會, 단장취의斷章取義, 아전인수我田引水 등의 방법을 통해 정부 · 여당을 '닥치고' 공격한다. 야당의 비판대로 이해하면 곧 나라가 망할 터이다.

이러니 여당으로서는 같은 입법부의 구성원으로서 국정감사에 나서기 어렵다. 가급적이면 감싸주려고 한다. 국정감사가 입법부와 행정부 간의 게임이 아니라 여야의 정쟁 게임이 되는 이유는 이런 정치 시스템 탓이다. 언론이나 시민단체의 평가처럼 감싸는 여당이나 때리는 야당이나 모두 잘못이라고 말하기에는 우리 시스템과 제도의 책임이 더 크다.

법에 따르면 국정감사는 30일 이내로 하게 되어 있다. 실제로는 여야가 합의해 20일 정도 한다. 20일 동안 300명의 국회의원이 돋보이기 위해 그야말로 죽어라 기를 쓴다. 2018년 국정감사에서도 뱅갈고양이와 맷돌 따위가 등장하고, 국회의원이 한복이나 태권도복을 입고 나서기도 했다. 이른바 소품쇼 또는 전형적인 언론플레이다. 염불보다 잿밥에 관심을 두는 국회의원들의 한심한 행태로 자주 거론된다.

왜 이럴까? 간단하게 말하면, 눈에 띄고 싶기 때문이다. 눈에 띄어서 언론에 나면 그것이 가장 좋은 홍보이기 때문이다. 국회의원들이 아무리 열심히 법안을 만들고, 정책을 논의하고, 국정을 토론해도 유권자는 알지 못한다. 국회의원과 유권자 사이의 거리가 너무 멀어 이렇게라도 해서 이름을 알리고 싶은 것이다. 신문이나 방송에 이름이나 얼굴이 나오면 지역 구민들이 반가워하고 흐뭇하게 느낀다. 우리 법과 제도가 이런 인센티브를 갖고 있기에 생기는 '웃픈' 실상이다.

국정감사가 끝나고 나면 국감스타가 선정된다. 선정하는 기준이야 있겠지만 사실 좋지 않은 행위다. 국정감사가 보여주는 데 급급할 수밖에 없도록 유도하기 때문이다. 대학의 순위를 매기는 것이 나쁘듯이 국회의원을 순위로 평가하게 되면 부정적 결과를 더 많이 낳는다. 국회의원 저마다의 특성을 얼마나 충실하게 발휘하는지를 따져야지, 임의적 기준으로 재단하고 순위를 매기는 행위는 일종의 폭력이다.

국정감사도 마찬가지다. 국회의원 개개인이 얼마나 충실하게 감사를 잘했는지에 대한 평가는 필요하다. 팩트 없이 주장만 했는지, 비판의 근거가 부실하지는 않았는지, 하나의 주제하에 관련된 정책들을 얼마나 객관적으로 잘 점검했는지 등 한 사람 한 사람 따로따로 평가해야 한다. 감사, 나아가 정치는 누가 잘하는지 못하는지 정량적으로 평가하기 어렵다. 어쩔 수 없이 정성적으로 평가해야 한다. 평가의 잣대가 일방적이고 임의적인 경우 그에 따른 순위는 그 누구도 동의하기 어렵다.

국정감사가 제대로 되려면 시민단체의 참관도 필요하지만, 이해집단이나 이해당사자가 현장에서 지켜볼 수 있도록 하는 것이 중요하다. 한 부처가 집행하는 수많은 정책 중에 어느 것이 중요한지는 전문가들 간에도 의견이 다르다. 따라서 그 정책들에 이해를 갖거나 관심을 두는 사람과 집단이 현장에서 질의·응답을 지켜보도록 하는 것이 더 유용하다. 내용을 잘 아는 이가 감시하고 평가한다면, 질문과 대답의 질도 훨씬 좋아질 것이다.

사립유치원 비리 문제와
서울교통공사 채용 비리 의혹

2018년 국정감사에서 가장 큰 이슈가 되었던 것은 사립유치원 비리 문제와 서울교통공사 채용 비리 의혹이었다. 사립유치원의 공공성을 강화하는 제도 보완과 공공기관 채용 관련 전수조사 등의 조치가 뒤따랐기에 바람직하고 시의적절한 문제 제기였다. 국회가 문제점을 지적하고, 정부가 이를 시정하는 조치를 취하는 것이 마땅한 국정 운영의 시스템이다. 이런 점에서 2018년 국정감사가 부실·맹탕 국감이었다는 지적에 동의하기 어렵다.

이 두 이슈와 관련해 되짚어볼 대목도 있다. 우선 예산 지원을 받는 사립유치원들이 부정과 비리에 둔감하고, 이를 지적하는 것에 대해 사유재산 운운하며 버틴 것은 잘못이다. 2조

원가량의 국민 세금이 투입되고 있는데 감사를 통해 지적해도 고치지 않는다면 국회의원으로서 그 명단을 공개하고 통렬하게 비판해야 책무에 충실한 것이다. 흔히 동네라고 불리는 지역구에서 유치원 원장이 발휘하는 힘을 생각하면 이들과 맞서는 싸움은 결코 쉽지 않다. 더불어민주당의 박용진 의원이 보여준 기개와 소신, 배짱은 아무리 칭찬해도 과하지 않다.

그럼에도 모든 유치원에 대해 여론재판으로 몰아간 측면은 자성해야 한다. 사립유치원 전체를 매도하고, 감정적으로 질타함으로써 무용한 불신을 조장한 점도 아쉽다. 제도의 미비, 감독의 부실 등으로 인해 사립유치원이 잘못한 측면도 없지 않기 때문에 법을 바꾸고 제도를 개선하는 데 집중했어야 했다. 이렇게 하는 과정에서 사립유치원의 대표기구(한국유치원총연합회와 비상대책위원회)가 무리하게 이것마저 저지하려 한다면 단호하고 신속하게 정리해야 한다.

사립유치원도 휴원이나 폐원으로 뻗대고, 기존의 관행과 잘못을 유지하려고 해서는 안 된다. 억울한 점이 없지 않겠지만 빌미를 제공한 책임도 있으므로 자세를 낮추는 한편 정부·국회와 머리를 맞대고 제도 개선에 나서야 한다. 교육은 백년지대계라 하지 않는가. 회계 투명성을 높이는 등 공공성을 강화하면서 동시에 유치원의 교육과 운영에 학부모들의 참여가 높아질 수 있도록 해야 한다. 어떤 일이든 그와 관련된 이해당사자나 관련자들이 참여해 숙의를 통해 문제를 풀어가는 것이 제일 좋다.

서울교통공사 채용 비리 의혹을 둘러싸고 벌인 공방은 우리 정치권의 못난 현실을 말해준다. 우선 야당의 '오버리즘overism'이다. 서울교통공사에 가족이 있는 직원의 비율이 높은 점, 얼마 전에 비정규직→무기계약직→일반직(정규직)의 전환 과정을 거쳐왔다는 점, 엄격한 공채 절차를 거친 정규직이 전환 과정에 대해 불만을 제기한 점, 이 과정에서 노조의 개입 여부에 대해 논란이 야기된 점 등을 감안하면 야당으로서는 의혹을 제기하기에 충분하다. 그런데 너무 서둘렀다.

뭔가 이상하다는 의혹을 제기한 후에는 차근차근 팩트를 확인해가면서 공세의 수위를 높여가야 한다. 정치 공세도 무턱대고 강하게 하면 안 된다. 이처럼 확실한 팩트도 없이 고용 세습이나 채용 비리 게이트로 규정한 것은 '오버'였다. "지난 3월 1일 무기계약직에서 정규직으로 전환된 1,285명 중 108명이 서울교통공사 직원의 친·인척인 것으로 확인되었다." 자유한국당이 공개한 팩트는 이것이 전부다. 아직 누구도 불법이나 비리로 채용되었다고 확인된 사람은 없다.

대개 국정감사는 야당 하기 나름이라고들 한다. 2018년 국정감사에서 자유한국당은 초반에 아무런 이슈 제기도 없이 무기력한 모습을 보였다. 들개처럼 한 놈만 패겠다고 공언했지만 별무소득이었다. 그러던 차에 채용 비리와 관련된 의혹을 찾아냈으니 얼마나 반가웠을까? 요즘의 청년들이 얼마나 취업에 목말라하고, 공정성의 가치를 중시하는가? 게다가 자유한국당은 민주노총 등 귀족노조 문제를 줄기차게 제기해오지 않았던가? 정말 호재를 만났다고 생각했을 것이다.

초반의 반짝 공세 후에는 자유한국당이 주장한 팩트가 너무 많이 틀렸다. 어림잡아 15개 정도의 팩트 오류가 있었다. 게다가 고용 세습이란 프레임이 자극적이기는 하지만 적절하지 않았다. 고용 세습이란 주로 부모가 자식에게 자리를 물려주는 것이다. 2015년 고용노동부와 한국노동연구원이 공동으로 대기업 600여 곳의 단체협약을 조사해보니, 29퍼센트인 180여 곳에서 퇴직자의 자녀나 배우자를 우선 채용하거나 가산점을 주는 방식의 고용 세습 조항이 들어 있었다고 한다. 당시 보도에 의하면 공공기관에서도 단체협약을 통해 고용 세습 조항을 두고 있는 경우가 많았다.

서울교통공사에서 일어난 일은 전형적인 고용 세습으로 부르기 어렵다. 퇴직한 부모가 자신의 배우자나 자녀에게 자리를 물려준 것이 아니라 가족관계에 있는 사람이 제법 있다는 지적일 뿐이다. 서울교통공사의 고위 직위자가 자신의 자녀를 비리를 통해 고용했다는 흔적이 확인된 것도 없다. 야당의 목소리가 커지는 국정감사라는 특수 상황을 감안하면 또박또박 팩트를 확인해 제시함으로써 정부·여당을 압박하는 것이 적절한 전략이었다.

서울시는 이 의혹과 관련해 감사원 감사를 청구했다. 정부도 나섰다. 2018년 11월 6일부터 2019년 1월 31일까지 3개월 동안 1,453개 공공기관을 대상으로 최근 5년간의 정규직 전환 등 채용 전반에 대해 실태조사를 벌이기로 했다. 기획재정부를 중심으로 338개 공공기관, 행정안전부를 중심으로 847개 지방 공공기관, 국민권익위원회를 중심으로 268개 공직 유관단체 등 총 1,453개 기관이 조사 대상이다.

조사는 최근 5년간 비정규직의 정규직 전환 사례와 2017년에 실시한 채용 비리 전수조사 이후의 모든 신규 채용을 중심으로 기관장 등 임직원의 채용 청탁·부당 지시 여부와 이에 따른 인사부서의 채용 업무 부적정 처리 여부, 채용 절차별 취약 요인 등을 점검한다. 마땅한 조치다.

어떤 사건이 터지거나 이슈가 발생하면 그것을 계기로 삼아 관련된 사안 전반을 살펴보고 개선하는 것은 당연히 해야할 일이다. 사건이야 터지든지 말든지, 이슈야 늘 생겨나는 것이라는 자세로 임하면 아무것도 달라지지 않는다. 사실 이렇게 넘긴 경우가 더 많았다. 사건과 이슈를 계기로 삼아 신속하고 정확하게 문제를 바로잡으려는 노력을 보여주는 정부의 대응은 좋다. 그럼에도 약간 답답한 대목은 있다.

공정이 우리 사회의 핵심 가치, 즉 어젠다로 자리 잡은 지 오래다. 특히 젊은 층에서는 공정, 그중에서도 절차적 공정에 대해 민감하다. 채용 비리라는 것도 우리 사회의 숙제로 등장한 지 한참 되었다. 그렇다면 비정규직의 정규직화라는 큰 과제를 풀어갈 때 당연히 공정의 가치가 온전하게 구현되도록 세심하게 준비하고, 치밀하게 추진해야 했다. 게다가 그 과정에서 정규직의 불만이 이미 제기된 터였으니 살피고 또 살펴야 했다. 얼마든지 선제적으로 대응할 수 있었는데, 그렇게 하지 못해 이런 사달이 났으니 답답할 수밖에 없다.

긍정 권력과
부정 권력

많은 학자의 지적대로, 민주주의는 정당을 통해 발전해왔다. 정당 없는 민주주의는 상상하기 어렵다. 그런데 정당민주주의의 폐해도 적지 않다. 선거제도 등 잘못된 정치제도하에서 정당민주주의는 여야 대립, 정치가 아닌 대치, 양극 정치 등의 폐해가 두드러진다. 지금의 미국이 그렇고, 대한민국이 그렇다. 입법부가 행정부를 상대로 감시·견제하는 장치인 국정감사조차 여야의 틀에서 왜곡되는 것도 같은 맥락이다.

국정감사는 국회의원 순위 매기기가 아니다. 국회의원이 각기 실력을 보여주는 무대이기는 하지만 누군가 임의적으로 설정한 기준과 자의적인 평가에 따라 별을 몇 개 줄지, 어떤 등수를 매길지 정해서는 안 된다. 점수와 등수가 횡행할수록 국회의원들의 의정 활동은 황폐해진다. 어떻게 해서든 언론에 노출되는 것에 목을 매고, 튀는 행위에 '올인' 한다. 속담 그대로 '목맨 송아지', '가르친 사위'가 될 뿐이다.

의회는 더 강해져야 한다. 삼권분립하의 대통령제를 채택하는 한 국회의 권한은 더 커져야 한다. 강한 권한의 골간은 현상 유지보다는 더 좋은 방향으로 개혁하는 긍정 권력이어야지, 안 되게 하고 못하게 만드는 부정 권력은 곤란하다. 견제하고 감시하는 역할도 해야 하지만 동시에 주도하고 격려하는 역할도 해야 한다.

중요한 것은 법을 다루는 의회가 결론을 내주어야 한다는 사실이다. 법치국가이니 법의 제·개정 없이 아무것도 할 수 없다. 그 제·개정이 국회의 권한이니 최종 결정권은 국회에 있다. 틀린 결정보다 무無결정이 나쁘다고 했다. 국회가 결정을 내릴 수 있도록 해주어야 한다. 이런 점에서 국회선진화법은 폐지되어야 한다. 국회의 의석 분포가 결정된 후에는 어렵다. 그러니 제21대 국회에서부터 적용하기로 하면 된다. 그래야 비토크라시를 극복하고 타협을 통해 풀어가는 네고크라시 negocracy로 나아갈 수 있다. 그렇다. 결국 문제도 국회, 해답도 국회다. (2018년 12월 1일)

제3장

**정치를
바꿔야 한다**

인사를 ―어떻게― 검증할 것인가?

인사청문회를 하면
왜 정권의 지지율은 하락할까?

참여정부 시절인 2005년 1월 4일, 6개 부처 장관에 대한 개각 발표가 있었다. 그 가운데 이기준 교육부총리 겸 교육인적자원부 장관 지명자에 대한 비판이 집중적으로 쏟아졌다. 판공비 과다 사용, 사외이사 겸직, 장남 병역기피 의혹 등 그가 서울대학교 총장으로 재직하던 시절에 있었던 문제들이 터져나온 것이다. 도덕성 시비와 정실 인사 논란이 이어졌다.

이기준 지명자와 당시 청와대 김우식 비서실장이 함께 미국 유학을 다녀왔고, 공동으로 책도 5권이나 출간하는 등 40년간 지속된 인연이 인사에 영향을 미쳤다는 의혹이 제기되었다. 수십억 원대의 부동산이 한국 국적을 포기한 장남 명의로 등기되어 있다는 사실도 드러났다. 명백한 인사 실패였다. 당시 상황을 인사수석비서관이던 정찬용은 자신의 블로그 '사람 사는 세상'에 이렇게 적었다.

"'이기준 부총리 사태의 모든 책임은 대통령인 나에게 있습니다.' 대통령께서 무겁게 얘기를 꺼내셨다. '국민 여론이 이처럼 비등하면 그에 상응하는 조치를 취해야 합니다. 그런 후속 조치가 이전 정부와 달라야 합니다. 그리고 인사에서 문제가 생겼으니 인사수석인 제가 책임을 지고 물러나겠습니다.' 나의 말에 김우식 비서실장은 전체 사표를 내자고 제안했다. 그 결과 참모 전원이 사표를 냈다. 그중 민정수석과 인사수석의 사표가 수리되었다. 이 부총리가 불명예스럽게 사퇴를 하고 정부의 체면은 땅에 떨어졌다. 이런 일이 벌어지자, 동료 수석 가운데 한 사람이 '사실 이번 일뿐만 아니라 후보자들의 부정적인 면을 공개하기 어려워 우물쭈물 넘어간 적이 없지 않아서 미안하다'고 사과했다. 이기준에 대해 자신도 어느 정도는 알고 있었지만 차마 회의에서 말하기 곤란했다는 것이다. 나는 시스템의 한계를 느꼈다. 역시 사람이 중요했다. 아무리 훌륭한 시스템을 갖춰놓은들 제대로 된 정보를 공유하지 않으면 시스템이 제대로 작동할 수 없음을 뼈저리게 깨달은 경우다."

정찬용의 고백에서 느껴지듯, 참여정부는 '이기준 파문'으로 심각한 곤경에 처했다. 당시 청와대는 인사 시스템 전반에 대해 대대적인 정비 작업에 착수했고, 특히 인사 검증을 강화하는 방안을 마련했다. 이런 와중에 노무현 대통령이 국회 인사청문회를 장관까지 확대하자는 제안을 했다.

"이번 사건을 계기로 공직자상을 새롭게 정립하고, 인사 검증 시스템이 더욱 투명하고 선진화하는 계기로 삼아주십시오. 국무위원의 경우 관련 국회 상임위원회에서 하루 정도 인사청문회를 받는 방안도 검토해보십시오."

대통령의 제안에 대해 위헌 가능성, 행정부 위축, 정쟁의 도구화 등을 이유로 참모들이 반대했지만 대통령의 의지를 꺾지는 못했다. 노무현 대통령은 청문회에서 당사자가 각종 의혹에 대해 충분히 해명하면 무분별한 의혹 제기로 인한 정치 공세가 줄어들 것으로 판단했다.

"솔직히 장관을 임명하는 대통령의 입장에서야 인사청문

회 만드는 것을 어떻게 좋아할 수 있겠습니까? 그런데 그런 제도가 없으니까 언론이 아무 책임도 없이 반론의 기회도 주지 않고 지상 청문회로 사람들을 완전히 망가뜨려버릴 수 있습니다. 차라리 인사청문회를 하면 최소한 답변의 기회라도 있지 않습니까? 그래서 어느 정도 공정한 검증이 되지요."

하지만 노무현 대통령의 이런 선의는 무참히 짓밟혔다. 어느 당이 집권하든 야당은 언론과 손잡고 인사청문회를 통해 대대적인 정치 공세를 펼쳤다. 의혹은 부풀리고 능력은 깎아내렸다. 코드 인사 논란은 기본이고, '고소영' 내각이니 '강부자' 내각이니 하는 냉소적 유행어가 만들어질 정도로 인사는 역대 정권의 아킬레스건으로 작용했다. 인사청문회를 거칠 때마다 정권의 지지율은 하락했다. 오죽하면 인사청문회 무서워서 사람도 못 바꾼다는 말이 나올까.

"본시 청문회를 거치자는 제안은 제가 한 것인데요, 청와대 검증이 비공개로 하는 것이어서 신뢰성에 항상 문제가 있는 것 같아 검증의 신뢰성과 안전성을 높이기 위해서 국회 청문 절차를 거치자고 그렇게 제안을 했던 겁니다. 그런데 막상 해보니까 공개적으로 검증 절차를 거친다는 장점이 있는 반면에 청문회 과정이 완전히 정쟁의 기회로 왜곡되거나 변질되는 그런 현상이 나타나서 아쉬움도 상당히 많이 있습니다."

노무현 대통령이 2006년 2월에 한 말이다. 인사청문회는 정쟁의 기회를 넘어 정쟁의 본령이 되었다. 노무현 대통령이 피력한 아쉬움조차 현실에서 인사청문회가 보여주는 극악한 추태나 인격 살인, 격렬한 정쟁의 실상에는 한참 못 미친다. "야당은 약점을 잡아보겠다는 생각으로 폭로성 의혹을 던지고 여당은 후보자를 감싸거나 정치적 이슈에 대한 논쟁과 설전을 벌인다. 인사청문회가 인격 파괴, 사생활 캐내기, 흠집 내기로 전락했다." 보수 성향 단체로 알려진 '바른사회시민회의'가 2013년 2월에 낸 보고서에 등장하는 발언이다.

　　지금의 인사청문회는 선을 넘어도 한참 넘었다. 이제는 인사청문회 때문에 멀쩡한 사람도 장관직 제안에 '무슨 영화를 누리겠다고 그런 난장판에 끼어드냐'며 손사래를 친다. 이래서는 유능한 공직자의 등용과 그들에 의한 창의적 리더십을 기대하기 어렵다. 이래서는 안 된다. 공직의 인사가 여야 간 정치 게임의 포로가 되면 그 피해는 국민에게 돌아간다.

다른 수단에 의한
정치

"나는 지략을 짜고 100리 밖에서 승리를 결정 짓는 점에서 장량에게 미치지 못한다. 나라를 어루만지며, 백성들을 위로하며, 군량을 조달하고, 보급로를 확보하는 점에서 소하에 미치지 못한다. 또한 백만 대군을 자유자재로 지휘하여 싸우면 어김없이 이기고 공격하면 어김없이 빼앗는 점에서는 한신을 따라가지 못한다. 이 세 사람은 모두 나를 능가하는 걸물이지만 나는 이 걸물들을 적절하게 활용할 줄 알았다. 이것이야말로 내가 천하를 얻은 단 하나의 이유다. 항우에게도 범증이라는 인재가 있었으나 그는 이 한 사람마저도 제대로 신뢰하지 못했다. 이것이 항우가 지고, 내가 이긴 까닭이다."

사마천의 『사기』에 나오는 한 대목이다. 유방이 한漢 왕조를 창업한 후 신하들과 허심탄회하게 이야기하는 와중에 한 고백이다. 보잘것없던 유방이 좋은 인재 덕에 성공했다는 말이다. 예나 지금이나, 동이든 서든 한 나라의 경영이나 국정 운영은 유능한 인재의 발탁 여부에 달려 있다. 그래서 흔히 '인사가 만사'라고 한다. 세종대왕의 치세에는 황희라는 명재상이 있었고, 정관지치로 칭송받는 당 태종의 곁에는 위징이라는 참모가 있었다. 조선을 세운 이성계를 리드한 사람은 정도전이었다.

리더가 성공하려면 좋은 참모를 옆에 둘 수 있어야 하고, 그의 조언을 끌어내는 프루덴차prudenzia, 즉 '실천적 이성'이 있어야 한다. 좋은 참모의 존재는 리더에 대한 좋은 평가로 이어진다.

"어떤 한 통치자의 두뇌 능력에 대해 사람들이 갖게 되는 첫 번째 평가는 그의 주위에 있는 사람들을 살펴봄으로써 이루어진다. 그들이 유능하고 충성스러우면 통치자는 늘 분별력이 있다는 평가를 받을 수 있다. 자기 측근 신하들의 능력을 식별할 줄 알고, 그들의 충성심을 유지시킬 줄 아는 것으로 평가되기 때문이다. 그러나 그렇지 않은 경우에는 측근 신하들을 선택하는 첫 번째 일부터 실수를 범하는 것이기 때문에 군주는 형편없는 평가를 받게 마련이다."

니콜로 마키아벨리가 『군주론』에서 지적하는 말이다. 인사청문회는 리더에게 '좋은 참모'가 자리할 수 있도록 고안된 제도다. 리더가 독선에 빠지지 않도록, 리더가 부패하지 않도록 하는 등 권력 중독의 폐해를 막기 위해 만들어진 장치가 인사청문회다.

사실 인사청문회는 삼권분립 체제에서 유의미한 제도다. 영국 등 내각제 국가에서도 인사청문회를 제한적으로 도입하고 있지만, 온전한 의미의 인사청문회는 대통령제에서 입법부가 행정부를 견제하기 위한 장치다. 그런 장치를 두는 이유는 행정부의 전횡과 권력 남용 등을 막기 위해서다. 한마디로 대통령에게 인사권을 부여하되, 그것을 '잘' 쓰도록 하는 것이 취지이지 아예 '못' 쓰도록 하는 것이 아니다.

인사청문회 제도를 처음 실시한 미국에서도 적지 않은 폐해가 드러나지만, 한국에서는 인사청문회가 아예 인사권 행사를 막는 벽이 되고 있다. 미국 헌법 제2조 제2항은 다음과 같다. "대통령은 대사, 그 밖의 공사, 영사, 연방대법원 판사 그리고 그 임명에 관하여 본 헌법에 특별한 규정이 없고, 법률로써 정하는 그 밖의 모든 합중국 관리를 지명하여 상원의 권고와 동의advice and consent를 얻어 임명한다."

우리 헌법에 따르면 국무총리 등 국회의 동의를 얻어야 하는 소수의 직위를 제외하면 대통령에게 임명권이 있다. "대통령은 헌법과 법률이 정하는 바에 의하여 공무원을 임면한다."(제78조) "국무위원은 국무총리의 제청으로 대통령이 임명한다."(제87조)

헌법에 상원의 '권고와 동의'를 얻도록 명시하고 있는 미국보다 그처럼 강력한 조항이 없는 한국의 인사청문회가 험악하고 살벌하다. 정치세력 또는 정당들이 선거를 통해 잘잘못을 가리고 우열을 따지고 상벌을 평가 받지 않고 일상 정치 과정에서 의혹 제기 등을 통해 상대를 무자비하게 공격해 정치적 이득을 도모하려는 정치, 이른바 '다른 수단에 의한 정치politics by other means'라 할 수 있다. 다른 수단에 의한 정치는 선거에서 성패나 선거를 통해 드러난 민심을 무시하거나 부정하는 정치 양극화의 단면과 다름없다.

미국의 정치학자인 마틴 셰프터Martin Shefter, 1943~와 벤저민 긴즈버그Benjamin Ginsberg, 1947~가 제시한 '다른 수단에 의한 정치'는 미국의 민주주의가 나빠지고 있음을 통렬하게 지적한다. 무릇 민주주의는 정당들이 이념·정책·인물·담론 등을 토대로 선거에서 더 많은 유권자의 지지를 확보하고자 경쟁하고, 그 결과에 승복하고 이후의 정치 과정에서 이를 존중함으로써 작동하는 정치체제다. 그런데 1970년대 이후의 미국 정치는 대통령과 다른 정당이 장악한 의회가 사법기구와 언론을 활용해 상대방의 윤리적 결점이나 위법 의혹을 '폭로Revelation'→'조사Investigation'→'기소Prosecution'하는 'RIP' 방식으로 정치 경쟁이 이루어졌다는 것이 이들의 지적이다.

이들이 말한 다른 수단에 의한 정치는 각종 스캔들을 둘러싼 공방으로 정치 과정이 채워지는 정치의 타락상을 지적하는 것이다. 하지만 넓게 보면 인사청문회에서 무분별하게 제기되는 각종 의혹과 그를 통한 대대적인 정치 공세도 이에 포함될 수 있다. 다른 수단에 의한 정치는 정치의 질을 심각하게 저하시킨다. 정책 대결과 건전한 비판 등으로 더 나은 대안이 만들어지는 과정이 아니라 상대를 흠집 내고, 낙인찍고, 마침내 아무것도 못하게 만든다. 다른 수단에 의한 정치는 비토크라시를 만들어낸다.

인사청문을
둘러싼 갈등

인사청문회법은 2000년에 제정되었다. 이 법에 따르면, 국회의 인사청문 대상이 되는 직위는 헌법상 국회의 동의가 필요한 17개와 국회가 선출하는 6개로 제한되었다. 국회의 동의가 필요한 직위는 국무총리, 대법원장, 헌법재판소장, 감사원장, 대법관 13인이고, 국회가 선출하는 대상은 헌법재판소 재판관 3인, 중앙선거관리위원회 위원 3인이다. 이 법 제정 이후 국회 인사청문 대상 직위는 꾸준히 늘었다. 현재는 총 63개의 직위에 대해 인사청문회를 실시한다.

2003년에는 국정원장, 국세청장, 검찰총장, 경찰청장이 포함되었다. 2005년에는 대통령과 대법원장이 지명하는 헌법재판소 재판관 6인과 중앙선거관리위원회 위원 6인, 국무위원이 포함되었다. 2007년에는 합참의장이, 2008년에는 방송통신위원장이 포함되었다. 2012년에는 공정거래위원장, 금융위원장, 국가인권위원장, 한국은행 총재가, 2014년에는 특별감찰관, 한국방송공사KBS 사장이 포함되었다. 참여정부 시절, 대통령의 인사에 대한 국회의 견제권이 대폭 강화되었음을 알 수 있다.

한국행정연구원과 민주연구원이 공동으로 2017년 말 인사행정학회 학술대회에서 「인사청문회와 낙마의 정치학」이라는 보고서를 발표했다. 2017년 9월을 기준으로 하는 조사였다. 이 보고서의 역대 정부별 낙마자 현황을 보면, 김대중 정부의 총 추천자가 16명이었고 그중에서 통과된 사람은 14명, 낙마한 사람은 2명이다. 노무현 정부의 총 추천자는 81명이었으며 그중에서 통과된 사람은 78명, 낙마한 사람은 3명이었다. 이명박 정부의 총 추천자는 113명, 그중에서 통과된 사람은 103명, 낙마한 사람은 10명이다. 박근혜 정부는 총 98명을 추천했으며 그중에서 통과된 사람은 89명, 낙마한 사람은 9명이다. 문재인 정부의 추천자는 총 33명이었고 그중에서 통과된 사람은 28명, 낙마한 사람은 5명이다.

낙마율로 보면 노무현 정부가 3.7퍼센트로 가장 낮았고, 이명박 정부 8.85퍼센트, 박근혜 정부 9.18퍼센트, 김대중 정부 12.5퍼센트 순으로 높았으며 문재인 정부는 15.15퍼센트였다. 반면 낙마자에게 제기된 의혹 건수는 평균 5건으로 문재인 정부가 가장 낮았다. 다음으로 노무현 정부가 5.3건, 박근혜 정부 15.7건, 이명박 정부 16건, 김대중 정부 17.5건이었다. 낙마자들의 의혹 점수는 박근혜 정부가 평균 6896.3점으로 가장 높았고 김대중 정부가 3016점, 이명박 정부가 2200.1점이었다. 노무현 정부는 14.7점으로 가장 낮았고 문재인 정부는 83.2점이었다.

낙마율이 높았는지 낮았는지를 따져서 어느 정부가 잘하고 못했는지 가리려는 것은 아니다. 인사청문을 둘러싼 갈등이 갈수록 격화되고 있다는 점을 짚으려는 것이다. 낙마율이 갈수록 높아지고 있는 것도 이 때문이다. 인사청문회 제도의 종주국인 미국에서도 장관 후보자의 인준 거부율이 2퍼센트 미만이다. 공직 임용 시 검증을 충분히 하고, 국회와 사전 협의도 하고, 필요하면 정치적 거래도 이루어지기 때문에 낙마율이 낮다고 볼 수도 있지만 대통령의 인사권을 대하는 양국 의회의 인식 차이일 수도 있다.

흔히 검증 부실이라고 하면 우리는 잘못된 부분을 검증 과정에서 파악하지 못한 것으로 이해한다. 추측건대 짧은 시간에 검증을 하다 보면 놓치는 경우가 없지는 않을 것이다. 자료가 부족해 엄밀하게 따져보지 못한 경우도 있을 것이다. 그러나 검증 부실의 참뜻은 판단을 잘못했다는 의미다. 확인된 사실facts과 세평世評, 그리고 명확하게 정리할 수 없지만 제기될 수 있는 이런저런 의문점 등을 놓고 어떻게 판단하느냐가 검증의 핵심이다. 그런 점에서 인사 실패는 공직 후보자가 저지른 잘못을 파악하지 못한 측면보다는 확인된 사항을 바탕으로 업무 적격성과 여론 수용성을 감안한 판단에서 실수를 범한 경우가 더 많다.

인사청문회는 고위 공직 후보자의 자질과 업무 능력을 검증하는 절차다. 자질과 업무 능력을 검증하기 위해서는 당연히 도덕성을 꼼꼼하게 살펴보아야 한다. 고양이에게 생선가게를 맡길 수 없듯이, 부패한 사람에게 막대한 예산과 권력이 있는 자리를 줄 수는 없기 때문이다. 그런데 문제는 아주 사소한 흠, 그 시대에는 흔히 용인되던 부적절한 행위 등을 어떻게 평가할지다. 크든 작든 흠이 있으면 무조건 안 된다고 할 것인지, 합리적으로 이해할 수 있는 정도면 양해할 것인지 등에 대해 정치적 합의가 있어야 한다.

어느 영화 제목이 떠오르는 듯한 '그때는 맞고 지금은 틀렸다'는 기준을 적용해서는 안 된다. 그때는 틀리고 지금은 맞는 경우도 안 된다. 입법화할 수도 없고, 정당 간의 서면 합의문으로 정리될 사안도 아니지만 이제는 숱한 인사청문회의 경험이 쌓였고, 정권 교체로 인해 여야가 바뀌는 경험도 쌓여가고 있으니 정치적 합의가 불가능하지는 않다. 암묵적이지만 관례상 서로 양해하고 수용하는 기준이 있어야 인사권자가 추천하기도 쉽고, 야당이 찬반 여부를 결정하기도 쉽다. 그때그때 상황에 따라 기준이 달라진다면 인사청문이 아니라 인사전쟁이다.

인사는
정치적 행위다

스스로 '유교 좌파'라고 하는 캐나다 출신의 정치철학자인 대니얼 벨Daniel A. Bell, 1964~의 『차이나 모델: 중국의 정치 지도자들은 왜 유능한가』를 보면 '현능주의meritocracy'라는 말이 나온다. 품성과 능력이 뛰어난 지도자를 선거를 통해 뽑지 않고 검증을 통해 선발하는 중국을 두고 벨은 현능주의 체제라고 칭한다. 벨이 현능주의에 주목하는 이유는 민주주의 단점을 보완할 필요성 때문이다. 가장 단적인 예가 선거를 통해 좋은 인재가 선출되지 않는다는 사실이다. 선거는 그 제도의 특성상 '일' 잘하는 사람보다 '말' 잘하는 사람이, 속이 충실한 사람보다 겉이 풍성한 사람이 선출되기 쉽다.

선거가 지닌 숱한 장점에도 이런 단점이 있듯이 인사청문회 제도도 마찬가지다. 많은 장점이 있지만 단점도 분명하다. 정치 환경에 따라 검증이 아니라 검투로 변질될 수 있기 때문이다. 여야 간에 대립이 극심하면 다른 때 같으면 충분히 적격으로 평가될 후보자도 부적격으로 폄훼되기 일쑤다. 다른 때 같으면 인사청문 보고서에 반대하는 의견을 담는 정도로 양해할 후보자에 대해서도 아예 보고서 채택을 못하게 막기도 한다. 이러다 보니 인사권자나 검증권자 모두 사실에 입각해 차분하고 객관적인 자세를 유지하지 못한다. 검증해보니 안 된다는 결론을 내리는 것이 아니라 안 된다는 결론을 갖고 검증에 임한다.

인사청문회는 대개 텔레비전으로 생중계된다. 후보의 자질과 능력에 대해 관심을 갖고 텔레비전을 지켜보지만 누구라도 금방 혀를 차게 된다. 의원들이 로마시대의 검투사마냥 여야로 편을 나눠 검증이 아니라 혈투를 벌이는 탓이다. 장황하게 호통 치듯 질문을 하고서는 정작 후보자가 답변할 시간은 주지 않는다. 후보자의 답변 태도에 대해 시비를 걸거나 느닷없이 사퇴하라고 내지른다. 반면 여당 의원들은 감싸기 바쁘다. 비판할 점이 있어도 에둘러 말한다.

사정이 이렇다 보니 여당 의원들은 조금이라도 비판하면 임명에 동의하지 않는 걸로 해석될까, 반대로 야당 의원들은 약간이라도 칭찬하면 임명에 찬성하는 걸로 비칠까 겁이 나서 여야의 틀에서 벗어나지 못한다. 그 때문에 거의 모든 인사청문회가 여방야공與防野攻의 패턴을 보이고 있다.

미국은 인사청문을 실시하는 공직의 대상이 한국보다 훨씬 광범위하다. 미국 의회조사국CRS이 2008년에 낸 보고서에 따르면, 연방대법관, 차관보급 이상의 장·차관, 각국 대사, 다양한 독립위원회의 위원장과 위원, FBI와 CIA 국장을 비롯한 정보기관의 장, 군고위직 등 총 1,141개의 공직이 상원의 인사청문 대상PAS, Presidential Appointment with Senate confirmation 이다. 이 중 실제로 인사청문 절차를 진행하는 것은 600여 개다. 그런데도 우리보다 훨씬 덜 싸운다. 장관직은 어지간하면 대통령의 뜻을 존중해준다. 대법관을 놓고서는 치열하게 다툰다. 낙마율이 25퍼센트에 달한다. 이는 미국 대통령이 대법관을 당파색이 분명한 사람을 위헌 여부까지 다루는 종신 대법관 후보자로 천거하기 때문이다.

인사청문회는 제도적으로 개선할 점이 적지 않다. 국회에는 인사청문회 개선을 요구하는 관련 법안만 2018년 말을 기준으로 58개다. 인사청문회를 윤리성을 검증하는 청문회와 업무 능력을 검증하는 청문회로 이원화하자는 것에서부터 국회의 자료 제출과 요구권의 확대, 인사청문 대상 확대와 기간 연장, 인사청문회 실시 위원회의 소관 상임위원회로 일원화, 증인 출석 요구 권한 강화, 공직 후보자 거짓 진술 시 처벌 규정 신설 등 그 내용도 다양하다. 그만큼 인사청문회가 국회의 현안 중 현안으로 부각되었기 때문이다.

제도적으로 보완할 것은 마땅히 해야 맞다. 유불리 때문에 늦추거나 회피하는 것은 잘못이다. 여야가 각기 자신에게 유리한 방향으로 고치려 해서도 안 된다. 인사를 잘하게 하는 수단이지 인사를 아예 못하게 하는 수단이 되면 결국 우리에게 손해다. 국정의 담당자는 착한 사람이 아니라 유능한 사람이어야 한다. 능력도 있고 도덕성을 갖춘 사람이면 좋겠지만, 여러 가지 제약 때문에 그렇지 못하다면 능력을 우선시해야 한다. 특히 민생에 관련된 자리라면 더더욱 그래야 한다. 부패하지 않고 엉뚱한 데에 정신 팔지 않도록 하는 것은 국회의 국정감사 등 다른 수단을 통해 해야 한다.

인사는 고도의 정치적 행위다. 공직을 누가 맡느냐에 따라 정책도 분위기도 많이 달라진다. 따라서 공직 후보자에 대한 인사청문은 정치적 절차일 수밖에 없다. 여야 간에, 정당 간에 갑론을박이 있는 것은 당연하다. 그럼에도 유불리와 호오에 따라 대립이 격화되고, 그 때문에 능력 있는 사람들이 공직을 회피하도록 하지는 않아야 한다. 정치 경쟁이나 정치적 대립이 국가적으로 소탐대실의 선을 넘지 않도록 하는 절제가 필요하다. 모든 것을 정치의 소용돌이 속에 집어넣는 것이야말로 정치가 피해야 할 가장 큰 해악이다. 지금은 정치가 목소리를 낮출 때다. (2019년 7월 1일)

패스트트랙으로
동물국회는
벗어났는가?

무결정 상태의
국회

　　　　　민주주의 국가는 법치국가다. 법치는 구성원의 삶을 규율하는 거의 모든 문제가 법을 통해 정해진다는 뜻이다. 그 법을 만드는 곳은 국회다. 여기서 '만든다'는 것은 새로운 법의 제정과 기존 법의 개정을 모두 포함한다. 법이 만들어진다는 것은 우리 사회의 문제나 이슈에 대해 결론을 내린다는 의미다. 이런 측면에서 입법권을 가진 국회의 본질적 기능 중의 하나는 논란이나 논의 사안에 대해 결정을 내리는 것이다.

민주주의에서 모든 문제는 입법을 통해 정리되고, 입법은 국회의 권한이니 한 나라의 운영은 국회에 달려 있다고 해도 과언이 아니다. 과거에 국회가 거수기 노릇을 할 때에는 행정부의 결정에 국정이 좌우되었지만 이제는 사정이 다르다. 국회가 결정을 내리지 않으면 누구도 강제하지 못한다. 주기적으로 벌어지는 선거도 제한적인 역할밖에 하지 못한다.

우리가 흔히 예로 드는 일본의 '잃어버린 20년'은 경제 실패 사례가 아니다. 오롯이 정치 실패 사례다. 정치가 교착 상태에 빠져 아무것도 결정하지 못하는 상황이 오래 지속된 탓에 나라가 엉망이 되었다는 이야기가 본질이다. 확실하게 이끌어가는 세력이 없다보니 빚어진 현상이다. 장기 집권하던 자민당이 계파 갈등 등으로 리더십을 상실하고, 정치세력 간 합종연횡合從連衡이 빈번하게 벌어지고, 새로 집권한 정당 또한 우왕좌왕하다 무너졌기 때문이다. 물론 강한 리더가 없었던 것도 핵심 요인이었다.

지금 대한민국이 겪고 있는 혼란과 정체도 정치 탓이다. 정치 실패 때문에 빚어진 현상이다. 정치가 새로운 비전을 제시하는 것은 고사하고 제기된 문제에 대한 대응조차 제대로 하지 못하고 있다. 우리 사회의 오랜 빅이슈, 예컨대 재벌개혁이나 노동개혁, 세제개혁 등에 대해 아무런 결론을 내리지 못하고 있다. 과반 득표율로 집권한 보수의 박근혜 정부나 탄핵과 촛불로 등장한 문재인 정부도 선거 때 약속한 핵심 공약을 이행하지 못하고 있다.

왜 그럴까? 국회 때문이다. 더 정확하게는 국회의 무결정 no decision 때문이다. 국회가 옳든 그르든 결정을 내려주어야 하는데, 우리 사회의 오래된 주요 어젠다에 대해 어떤 결정도 내리지 못하고 있다. 미국 스탠퍼드대학 프랜시스 후쿠야마 교수가 말한 그대로, 반대 때문에 아무것도 할 수 없는 상황 즉 비토크라시로 전락하고 있다. 이렇게 제자리뛰기만 해서는 앞으로 나아갈 수 없다.

'패스트트랙'인가, '슬로트랙'인가?

2019년 4월 29일 자정을 전후해 선거법과 고위공직자비리수사처법(공수처법), 형사소송법과 검찰청법이 '패스트트랙fast track(신속처리안건)'으로 지정되었다. 자유한국당의 물리적 저항과 격렬한 반대를 뚫고 더불어민주당, 바른 미래당, 민주평화당, 정의당 등 여야 4당이 5분의 3이라는 수의 힘으로 관철시켰다. 이 법안들을 신속처리안건으로 지정한 것에 대해 찬반 여부는 논외로 하고, 과연 이 제도가 국회의 무결정 상태를 극복하는 유효한 수단이 되느냐를 짚어볼 필요는 있다.

과거 국회에서는 여야 정당 간 갈등으로 인해 입법 교착에 빠질 경우 국회의장의 직권상정권을 활용해 해소했다. 직권상정은 상임위원회에서 여야 이견으로 처리되지 못해 계류되어 있는 안건을 국회의장이 직권으로 본회의에 상정하는 것이다. 대개 특정 시점까지 상임위원회에서 처리할 것을 요구하고, 그러지 못하면 바로 본회의에 상정하는 것이기 때문에 정확하게 말해 '심사 기간 지정' 권한이다. 제18대 국회까지는 국회의장의 직권상정이 바로 패스트트랙이었다.

이는 날치기나 강행 처리라고 불리던 방법으로 직권상정하게 되면 여야 의원 간의 격렬한 몸싸움이 동반되었기에 이때의 국회는 흔히 '동물국회'로 불렸다. 아마 국회나 정치가 불신 받는 큰 이유 중의 하나가 바로 이러한 동물국회의 모습이었을 것이다. 동물국회는 제18대 국회 임기 마지막 날에 국회선진화법으로 불리는 국회법 개정안이 통과되면서 사라졌다. 아니 사라진 듯 보였다.

국회선진화법은 국회의장이 직권상정을 제한할 수 있는 요건을 강화하는 것에서 출발한다. 국회의장이 직권상정할 수 있는 요건을 천재지변이나 국가비상사태, 원내 교섭단체 간 합의로 엄격히 제한했다. 직권상정권을 이용해 법안을 신속하게 처리할 수 없게 되었으니 그 대안으로 들어온 것이 바로 국회법 제85조의 2에 적시되어 있는 안건신속처리제도다. 국회의장의 직권상정에 의한 패스트트랙을 국회의원 5분의 3 동의에 의한 패스트트랙으로 바꾼 것이 핵심이다.

안건신속처리제도는 특정 안건에 대해 위원회 소속 위원 5분의 3이 동의할 경우 신속처리대상 안건으로 지정하고, 이렇게 되면 위원회의 심사 기간을 제한하고, 그 기간이 지난 후에는 다음 단계로 자동으로 회부 또는 부의되도록 하는 제도다. 특정 안건을 신속처리대상 안건으로 지정하자는 요구는 재적의원 과반수의 동의나 소관 위원회의 재적위원 과반수 동의가 있어야 한다. 이렇게 요구된 안건에 대해 실제로 신속처리대상 안건으로 지정하려면 5분의 3 이상의 찬성 의결이 있어야 한다.

신속처리안건으로 지정되면 위원회에서는 180일 이내에 심사를 완료해야 하고, 이때까지 심사를 완료하지 못하면 자동으로 법사위원회에 회부된다. 법사위원회에 회부된 후에는

90일 이내에 심사를 완료해야 한다. 90일 안에 심사가 완료되지 못하면 자동으로 본회의에 부의된다. 본회의에 자동 부의된 안건이 60일 이내에 상정되지 않으면 이후 처음으로 개회되는 본회의 안건으로 상정된다. 이처럼 최장 330일이 걸리는 것이니 패스트트랙보다는 슬로트랙이라는 것이 차라리 맞는 표현이다.

그런데 자동으로 다음 단계로 넘어가는 것을 계산하니 330일이 걸리는 것이지 소관 상임위원회나 법사위원회, 본회의에서 위원장과 국회의장이 의지를 갖고 진행하면 이보다 훨씬 줄어들 수 있다. 예컨대 소관 상임위원회에서 신속처리안건으로 지정한 후 다음 날 바로 의결해서 법사위원회로 넘길 수도 있다. 법사위원회에서도 넘어오는 즉시 바로 의결해서 본회의로 보낼 수 있다. 본회의로 넘어온 즉시 국회의장이 표결에 부칠 수도 있다.

이런 경우는 상임위원장, 법사위원장, 국회의장이 같은 당 소속으로, 또는 같은 생각으로 권한을 적극적으로 행사할 때 가능한 이야기다. 2019년 4월 신속처리안건으로 지정된 공수처법을 심의하던 사법제도개혁특별위원회 위원장은 더불어민주당 소속이니 위원회 표결을 통해 180일을 기다리지 않아도 되지만 법사위원장은 자유한국당 소속이니 90일의 기간이 불가피하다. 또 국회법 제57조의 2에 따르면, 소관 위원회 재적위원 3분의 1의 요구로 여야 3명씩으로 구성되는 안건조정위원회를 구성할 수 있다. 안건조정위원회는 이견을 조정하기 위해 설치하는 것인데, 활동 기간은 90일이다.

공수처법이 사법제도개혁특별위원회에서 자유한국당의 요구로 안건조정위원회가 구성된다면 최대 90일 동안은 이 법안을 표결로 처리할 수 없다. 이런 현실적 사정을 감안하면 아무리 신속하게 처리한다고 해도 안건 조정의 90일과 법사위원회의 90일, 총 180일은 불가피하게 소요된다. 6개월이 걸리는 셈인데, 이것을 패스트트랙이라 할 수 있는지 의문이다. 물론 안건조정위원회에서는 3분의 2 의결로 가능하기 때문에 4명의 위원이 동의하면 90일을 기다리지 않고서도 처리할 수 있다. 이렇게 한다면 기간을 훨씬 단축할 수 있다.

'나쁜 결정'보다
나쁜 '무결정'

정치의 본질은 타협에 있다. 서로 다른 생각을 가진 국민들이 자신들의 대표를 통해 대화하고 토론함으로써 타협하는 것이 정치의 피할 수 없는 숙명이다. 힘으로 밀어붙이는 것은 정치가 아니다. 어떤 의제든 누가 주장하든 처음부터 대화와 토론에서 배제되는 것이 있어서는 안 된다. 다수가 자신의 뜻을 대화와 토론 없이 강제해서도 안 되지만, 소수가 불리하다고 해서 무조건 거부권을 행사해서도 안 된다.

다수가 힘으로 밀어붙이는 제도가 직권상정이었다. 이것 때문에 정치의 요체라고 하는 타협이 실종되었기에 이 제도를 없앴다. 다수에 의한 '강제'를 막기 위해 직권상정을 없애면서, 이로 인해 초래될 소수에 의한 '지연'을 막기 위해 도입된 것이 안건신속처리제도다. 2012년 4월 17일에 있었던 국회 운영위원회 회의록을 보면, 패스트트랙 제도는 "근본적으로 직권상정의 여지를 줄이고 또 국정의 지연을 막기 위해서" 도입되는 제도라고 규정하고 있다.

이런 설명도 있다. "소수당에게는 안건조정위원회와 필리버스터 제도로써 다수당의 일방통행을 저지하게 하고, 다수당에게는 안건의 자동 상정과 신속처리제도 그리고 예산안 기일 내 상정이라는 제도를 넣어서 국회가 시간은 좀 걸리지만 싸우지 않고 대화와 타협으로 문제를 해결하라고 만든 법입니다.……직권상정을 제한하는 대신에 신속처리제도라는 것을 만들어 법안의 통과를 보장하는 데 있는데……."

안건신속처리제도의 취지는 2가지다. 하나는 대화와 타협을 통해 문제를 풀라는 것이다. 다수당이라고 해서 의석수를 무기로 하여 밀어붙이지 말고, 소수당이라고 해서 무조건 반대만 하지 말고 협상에 임하라는 이야기다. 또 하나는 대화와 타협이 불가능할 때에는 5분의 3의 의결로 결정을 내리라는 것이다. 과반이 아니라 5분의 3이라는 강화된 요건을 부여하되, 이 요건이 충족되면 특정 시한 안에 결정을 내려야 한다는 의미다.

선거법과 공수처법, 검·경 수사권 조정 관련 법안들을 신속처리안건으로 지정한 것도 제도의 취지에 부합하는 것이다. 2019년 4월 지정된 선거법의 내용에 따르면 제1당과 제2당은 손해를 보게 된다. 더불어민주당과 자유한국당이 손해를 보는 것은 너무나 명약관화하다. 따라서 손해를 보는 입장에서 불만을 갖는 것은 당연하고, 법안 논의에 미온적인 자세를 보이는 것 또한 인지상정이다. 누군들 손해를 순순히 받아들이랴.

그런데 문제는 손해를 본다고 해서 논의 자체를 거부해서는 안 된다. 바뀌는 제도로 인해 손해 보는 입장에서야 거부하는 것이 정당하다고 하겠지만, 반대로 현재의 제도에서 손해를 보는 입장에서는 이런 거부가 부당하기 마련이다. 따라서 유불리를 떠나 대화하고 타협할 수밖에 없다. 하물며 지금의 제도에 따르면 선거제도의 대원칙인 대표성과 비례성에서 심각한 장애가 있다면, 더더욱 논의를 통해 유불리와 명분을 적정한 수준에서 절충해야 한다.

특정 정당의 반대 때문에 논의가 진행되지 못하고, 계속 답보 상태에서 벗어나지 못했을 때를 예상하고 길을 열어둔 것이 바로 안건신속처리제도다. 기간을 정해서 대화하고 토론해서 타협하라는 것이고, 그래도 타협이 되지 않으면 어쩔 수 없이 5분의 3의 의결로 결론을 내리라는 것이다. 합의 처리를 전제로 하되 일방의 반대로 합의가 안 될 때에는 무결정과 결정 중에 하나를 선택해야 한다. 우리 국회법은 5분의 3이라는 요건으로 결정을 내릴 수 있도록 하고 있다.

나쁜 결정, 즉 오惡결정보다 나쁜 것이 결정을 내리지 않는 것, 즉 무결정이라는 말이 있다. 결정이 내려지면 그것이 옳든 그르든, 동의하든 동의하지 않든 따르면 된다. 그런데 무결정은 모든 사람을 우왕좌왕 혼란스럽게 만든다. 서로 이해관계가 상충하는 세력 간의 갈등과 대립을 부추긴다. 각자 자신에게 유리한 결정이 내려지도록 로비하고 압박할 것이기 때문이다. 또 무결정의 숨은 혜택은 기득권에 돌아간다. 어떤 결정을 내려야 할 상황이 도래한 것은 새로운 변화가 필요하기 때문인데, 변화 여부나 변화의 방향에 대해 아무런 결정을 내리지 않으면 기득권자들에게만 유리할 따름이다.

선진국이
안건신속처리제도를 두는 이유

국회도서관의 법률정보실에서 발간한 『국회선진화법 중 안건신속처리에 관한 외국의 입법례와 시사점(입법현안 법률정보 제16호)』에 다른 나라의 안건신속처리제도에 대해 잘 정리되어 있다. 이들 나라의 안건신속처리제도를 보면, 입법이 상황에 따라 매우 신속하게 처리될 수 있도록 길을 열어놓고 있다는 점을 확인할 수 있다. 비교해보면 상대적으로 한국의 안건신속처리제도가 아주 느리다고 할 수 있다.

주요 선진국은 조금씩 다르지만 나름의 신속처리 절차를 두고 있다. 미국은 법안의 위원회 심사를 생략하고 신속하게 본회의 의결을 받을 수 있는 '미국 하원 의사규칙'에 따라 위원회 심사 배제 동의motion to discharge a committee에 관한 규칙을 두고 있다. 하원은 위원회에서 안건을 30일 이상 계류시키고 있는 경우에 재적의원 과반수의 서명을 통해 위원회의 심사 권한을 배제시키는 동의를 할 수 있다.

미국은 특정한 안건이 신속하게 처리되는 것이 중요하다

고 판단되면, 해당 안건의 신속처리 절차를 미리 법률에 담아놓기도 한다. 의회예산법과 같은 예산 관련 안건, 전쟁권한법과 같은 군대 이용에 관한 안건, 국제통상조약에 관한 안건 등은 해당 법률의 신속처리 절차에 따라 최장 60일 이내에 처리된다. 대통령의 정부조직개편안에 대해 상하원은 90일 이내에 처리하도록 규정한 대목도 눈에 띈다.

영국은 '영국 하원 의사규칙'에 따라 정부의 국무위원이 심사계획동의를 제출한 안건은 상임위원회에 회부하지 않고 하원이 결정한 별도의 심사 일정에 따라 진행된다. 더불어 정부는 심사계획동의 제출 시에 안건의 처리 과정에 소요되는 시간까지 정할 수 있다. 2009년 영국 상원이 발간한 '신속처리입법'에 대한 보고서에 따르면, 신속처리입법은 테러에 대한 대응, 경제적 위기에 대한 대응, 법적 모순 해결 등을 내용으로 하여 단 하루에 하원을 통과하거나, 상원에서 2단계 이상을 하루에 처리하거나, 정상적인 단계를 거치지만 초기 단계에서부터 여론의 주목을 받거나, 긴박한 상황에서 신속히 처리되는 것을 의미한다.

독일은 '독일 연방의회 의사규칙'에 따라 위원회 심사를 배제할 수 있고, 프랑스도 헌법과 '프랑스 국민의회 의사규칙'에 근거해 위원회 심사를 배제하고 곧바로 본회의 심사를 요청할 수 있다. 의회보다 정부 우위의 입법 절차를 채택하고 있는 프랑스에서는 정부가 헌법에 따라 의회의 의결을 거치지 않고 정부 제출 법률안을 통과시키는 것까지 허용하고 있다.

우리와 유사한 법률과 제도를 갖고 있는 일본은 재해 등 긴급 상황에 대처하기 위한 안건은 발의자나 제안자의 요구로 중의원 또는 참의원의 의결을 얻어 위원회 심사를 생략하고 곧바로 본회의로 부의할 수 있다. 또한 위원회가 심의 중인 안건에 대해서도 특별히 긴급을 요한다고 인정할 때는 중의원이나 참의원에서 위원회의 심의 기간을 정하거나 심의를 종료하고 곧바로 본회의에 회부할 수 있다.

한국은 국회선진화법상 신속처리대상 안건을 지정하기 위해서 재적의원 과반수의 동의와 재적의원 5분의 3의 의결이 필요하다. 다른 나라들의 기준은 어떨까? 미국 하원의 위원회 심사 배제는 재적의원 과반수의 서명에 의한 동의로 재적의원 과반수 출석과 출석의원 과반수의 의결이 필요하고, 영국 하원의 심사계획법안은 정부가 동의하면 재적의원 650명 중 100명 이상의 의결이 필요하다.

독일 연방의회의 위원회 회부 절차 생략은 원내 교섭단체 또는 재적의원 5퍼센트의 동의로 재적의원의 과반수 출석과 출석의원 3분의 2에 의한 의결이 필요하며, 일본의 긴급 상황 안건 신속처리는 발의자 또는 제출자의 요구(동의)에 대해 재적의원 3분의 1 이상 출석과 출석의원 과반수의 의결이 필요하다. 그런데 프랑스의 약식 검토 절차는 소관 위원회 또는 정부의 청구(동의)와 의장의 승낙만으로도 가능하다.

마지막으로 우리 국회선진화법의 안건신속처리제도와는 다소 다르지만, 미국에서는 신속히 처리하는 것이 중요하다고 여겨지는 국방, 무역, 연금 등의 약 33개의 개별 법률에 대해서 연방의회의 안건 수정을 금지하고 단순히 동의만을 구하는 형태의 '안건신속처리'를 규정해놓았다. 또한 영국에서는 주로 북아일랜드의 긴급 상황에 대처할 목적으로 하원에서 해당 안건을 하루 만에 통과시키는 등의 관례적 '신속처리 입법'을 발전시키고 있다.

헌법상 정부가 의회보다 우월한 지위에 있는 프랑스에서는 정부와 의회가 2주씩 번갈아가며 의사일정을 정하고, 심지어 정부 제출 예산 법안은 의회의 의결 절차 없이 의회를 통과한 것으로 간주하기도 한다. 독일은 양원제임에도 기본법과 '독일 연방의회 의사규칙'에 따라 사실상 연방의회 중심의 단원제로 운영해 입법 절차를 간소화하고, 연방정부가 요구하는 긴급한 안건에 대해서는 연방의회의 심사 기간을 단축할 수 있도록 하고 있다. 일본은 관례적으로 정부 제출 법률안 작성 시부터 정부와 여당이 긴밀한 사전 협의를 통해 심사 기간을 단축하고 있다.

국민의 신뢰를
잃은 정치

법치국가에서 주기적으로 발생하는 입법 교착, 특히 장기간 지속되는 주요 입법의 교착을 해소하는 수단으로 안건신속처리제도는 반드시 필요하다. 의회가 법의 제·개정 결정을 내리지 못하는 입법 교착은 사회적 혼란과 국가적 정체로 이어진다. 그 때문에 나라마다 이런 교착을 해소하는 안건신속처리제도를 두고 있는 것이다. 한국도 국회선진화법에 따라 도입된 이 제도가 효과적으로 활용되거나 좀더 절차를 간소화함으로써 국회의 무결정 상태가 계속 이어지는 것을 막을 수 있다.

안건신속처리제도가 입법 교착을 푸는 합법적인 방법으로 자리 잡아야 한다. 이것이 다수의 독재거나 과거의 직권상정에 의한 날치기로 오해되어서는 안 된다. 이 제도를 도입한 취지도 입법 지연을 해결하기 위한 최후의 수단으로서 기능하도록 한 것이다. 그래야 동물국회도 아니고 그렇다고 식물

국회도 아닌 정상국회의 모습을 보여줄 수 있다. 그렇다고 충분한 협의와 토론 없이 신속처리안건으로 지정하는 방법에만 골몰하는 것도 옳지 않다. 사실 이 방법은 5분의 3 찬성을 요건으로 하기 때문에 남용될 수도 없다.

안건신속처리제도는 더 간소화되어야 한다. 입법도 타이밍이 중요하다. 치열한 국제경쟁 시대, 속도가 중요한 초연결 시대에 신속 입법은 때에 따라 아주 긴요한 일이다. 5분의 3이라는 가중 의결 정족수를 완화해야 한다. 그리고 국회선진화법 도입 당시 우리 헌법 제49조에 규정하고 있는 일반의결정족수 규정과 맥락을 달리한다는 논란도 있었다.

신속처리 기간도 단축해야 한다. 안건이 신속처리안건으로 지정되더라도 최대 330일이 걸린다. 물론 줄일 수 있는 여지가 있기는 하지만 '신속'이라고 하기에 무색할 정도로 더디고 길다. 국회입법조사처 전진영 박사의 분석에 따르면, 제18대 국회에 제출된 모든 법안을 대상으로 조사해보니 법안이 국회에 제출된 이후 본회의에서 처리되기까지 걸린 평균 기간은 282.1일이었고, 가결된 법안만을 대상으로 하면 평균 처리 기간은 129.1일이었다. 따라서 현재의 신속처리 기간은 신속 입법 절차로서 그 실효성을 갖는다고 보기 어렵다.

안건신속처리제도로 인해 식물국회가 되었다는 비판이

있던 차에 막상 선거법 등을 신속처리안건으로 지정하는 과정에서 동물국회의 모습이 재연되었다. 제도를 바꾸는 것만으로 불충분하다는 사실이 새삼 확인되었다고 하겠다. 국회선진화법에 따르면, 국회에서 회의를 방해하면 엄벌에 처하고 선거에 출마할 자격을 잃을 수도 있다. 이처럼 강한 처벌 법규를 둔 것은 그만큼 동물국회에 대한 비판이 거세고, 그것 때문에 정치가 신뢰를 잃었던 탓이다.

국회선진화법을 위반한 사례에 대해 엄벌에 처해 다시 동물국회로 돌아가려는 구태를 단호하게 차단해야 한다. 선거법을 개정해 돈 선거를 차단하고, 위반 사례에 대해 엄벌한 결과 돈 선거의 악습이 사라졌듯이 이번에도 그렇게 해야 한다. 좋은 정치를 위해 치러야 할 대가라면 조금 아프더라도 치르고 가야 한다. 좋은 정치가 있어야 보통 사람들의 좋은 삶이 가능해지기 때문이다. (2019년 6월 1일)

내 삶을
──────── 바꾸는 ────────
선거제도

선거제도 개혁의
동력

       선거제도를 바꾸자는 논의가 한창이다. 특정 정당이 과반 의석을 갖지 못하고, 어떤 정당이라도 지지 기반에서 압도적 또는 안정적 우위를 갖지 못한 지금이 선거제도 개편의 적기라고 한다. 하지만 진척은 더디기만 하다. 다수대표제를 통해 큰 이득을 보고 있는 거대 양당인 더불어민주당과 자유한국당이 기득권을 내놓으려 하지 않는 것이 하나의 원인이기도 하지만 그것이 전부는 아니다.

　무엇보다 선거제도 개혁의 동력이 약하다. 정치세력이 지금의 제도가 자신에게 유리하지 않다고 판단해야 하는데, 하나 또는 두 정당은 그렇게 보지 않는 것 같다. 더불어민주당은 이대로 가면 제1당은 분명하고, 잘하면 과반 의석을 얻을 수도 있다고 기대한다. 대충 이런 계산 때문이다. 어렵게 치른 지난 2016년 총선에서 123석으로 제1당이 되었다. 게다가 과거 거의 전 의석을 독점했던 호남 지역 전체 28석 중 고작 3석을 얻고도 이런 성적을 냈다.

　현재의 여론 동향을 보면 호남 지역에서 더불어민주당이 압도적 지지율을 보이고 있다. 따라서 호남 지역에서 전 의석을 석권하고, 전체 40석 중 8석을 얻은 부산·경남·울산에서도 정당 지지율이 높아 50퍼센트 정도의 의석을 차지할 수 있다. 총 122석이 걸린 수도권에서 제20대 총선에서 얻은 82석만큼은 아니더라도 호남과 PK(부산·경남)에서 선전하면 과반 의석은 충분히 가능하다.

　자유한국당도 지금의 정당 지지율로는 어렵겠지만 상황이 좋아질 것이라고 보고 있으며, 어차피 소선거구제-단순다수제를 채택하고 있는 현재의 선거제도하에서는 양당 간의 대결이 되기 때문에 손해 볼 것이 없다고 판단한다. 설사 전국적으로는 어렵다고 할지라도 TK(대구·경북)라는 확실한 지역 기반을 가진 이른바 친박 세력으로서는 이대로 가는 것이 유리하다고 본다. 무엇보다 선거제도가 바뀌면 공천 변수와 지역 독점의 정치 구도가 흔들리는 것이 싫다.

더불어민주당 또는 더불어민주당과 자유한국당이 열의를 보이지 않더라도 국민적 요구가 강하면 가능한데, 그것도 여의치 않다. 무엇보다 정치 불신이 크고, 반정치 정서가 여전히 강하다. 정치를 통해 삶이 달라지는 것을 체험하지 못했으니 당연한 일이다. 촛불혁명 등을 거치면서 정치가 바뀌어야 한다는 사실은 '발견'했지만, 아직 1970~1980년대의 민주화 과제처럼 거대한 대중적 요구라 보기는 어렵다.

그뿐인가. 지금은 경제가 어렵다. 먹고살기 힘드니 정치에 관심을 쏟기보다 각자도생에 바쁘다. 지금의 고단함과 어려움이 정치의 결과임에도 정치를 통해 자신의 삶을 바꿔보려는 움직임은 크지 않다. 정치를 활용하고자 해도 어떤 정당이나 어떤 인물에 기대를 걸지에 관심을 두지 어떤 제도가 좋은지에 대한 고민은 별로 없다. 이런 형편이다 보니 선거제도를 바꾸자고 하는 관심, 즉 동력은 약할 수밖에 없다.

그런데 문제는 지금의 선거제도가 명분상 약점이 있기 때문에 바꿔야 한다는 것이 아니라는 점이다. 비례성과 대표성에서 지금의 제도가 갖는 문제점을 해소하기 위해 제도를 개혁해야 한다는 논리는 절반의 필요성일 뿐이다. 선거제도를 바꾸지 않으면 지금 우리가 직면하고 있는 교착상태, 이른바 비토크라시를 극복할 수 없기 때문이다. 우리 사회를 짓누르고 있는 교착의 질곡을 타파하기 위해서는 선거제도 개혁이 시급하다(2019년 12월 27일 공직선거법 개정안이 국회 본회의를 통과했다. 그 주요 내용은 지역구 253석, 비례대표 47석으로 하되 비례대표 30석에 연동형 비례대표제를 적용하는 것이다. 또 선거 연령은 만 18세로 낮아졌다).

국가는
왜 실패하는가?

지구상에는 잘사는 나라와 못사는 나라가 있다. 대한민국은 잘살고, 북한은 못산다. 문명의 발상지였던 이집트는 못사는데, 섬나라 영국은 잘산다. 잘살고 못사는 것의 차이를 낳는 원인에 대해 많은 학자가 고민했다. 그중 대런 애쓰모글루Daron Acemoglu, 1967~와 제임스 로빈슨James A. Robinson, 1960~은 2012년에 『국가는 왜 실패하는가』라는 훌륭한 역작을 썼다. 저자들은 서문에서 대뜸 이런 질문을 던진다.

"무엇이 남북한의 운명을 갈랐을까? 세상의 다른 가난한 나라들과 북한의 공통점은 대다수 국민의 인센티브를 꺾어버려 가난을 초래하는 착취적 경제제도를 보유하고 있다는 사실이다. 착취적 경제제도를 지탱해주는 것은 착취적 정치제도다. 그 요체는 소수 엘리트층에 정치권력을 몰아주는 공산당의 정치 독점이다. 북한 엘리트층이 여타 지역 엘리트층과 다른 양상을 보이는 것도 사실이지만, 북한, 방글라데시, 케냐 같은 가난한 나라의 저개발을 초래하는 주요 동력은 바로 그런 엘리트층의 통제다. 북한에서도 시민이 가난에 찌들어 단명할 수밖에 없는 것은 착취적 정치·경제 제도가 결합된 탓이다. 반면 남한에서 꾸준히 번영이 지속되는 것은 경제적 인센티브를 창출하고 사회 전반에 정치권력을 분산시켜주는 포용적 정치·경제 제도가 자리 잡은 덕분이다."

이집트와 영국의 차이도 같은 맥락에서 이해된다. 이집트가 번영을 누리지 못하는 것은 이집트의 정치권력을 소수 엘리트층이 독점하고 제멋대로 행사하기 때문이다. 영국은 시민이 권력을 독점하는 소수의 엘리트층을 제압해 정치권력을 한층 고르게 배분했고, 보통의 시민이 경제적 기회를 균등하게 누릴 수 있게 된 덕분이다. "인민이 투쟁을 통해 더 많은 정치적 권리를 획득했고, 그런 권리를 사용해 경제적 기회를 확대한 것이다."

경제에서 혁신이 일어나고, 생산성의 향상이 이루어지고, 놀라운 발전을 성취하기 위해서는 경제제도가 포용적이어야 한다. 혁신을 통해 내가 얻는 이득이 있어야 혁신이 일어나는 법이다. 노벨경제학상을 받은 폴 새뮤얼슨Paul Samuelson, 1915~2009이 1961년에 쓴 대학 교재에서 1984년이나 1997년이면 소련의 국민소득이 미국의 국민소득을 추월할 것이라고 할 정도로 소련의 사회주의 경제는 한때 잘나갔다. 이처럼 '잘난' 사회주의가 몰락한 것도 이런 혁신의 인센티브를 인정하지 않았기 때문이다. 지금 김정은 체제하의 북한도 장마당이라는 인센티브를 허용해 그럭저럭 유지되고 있다. 제임스 와트James Watt, 1736~1819의 증기기관처럼 혁신을 통해 더 많은 사람이 혜택을 보도록 보장해주는 제도, 이것이 포용적 경제제도다.

한 사회를 운영하고 사회 구성원의 삶을 규율하는 규칙을 정하는 것이 정치다. 포용적 경제제도도 정치로 만들어진다는 이야기다. 다시 말해 포용적 정치제도가 있어야 포용적 경제제도도 가능해진다. 영국에서 산업혁명이 발생하게 된 이유 중의 하나는 70여 년 전에 일어난 명예혁명이라는 정치개혁의 성공이다.

"명예혁명으로 이어지는 일련의 사건들을 통해 이미 군주와 귀족의 권한에 항구적인 제한을 가할 수 있는 광범위하고 막강한 연합 세력이 형성되었다는 사실이다. 지배층은 어쩔 수 없이 이 연합 세력의 요구를 받아들일 수밖에 없었다. 이에 따라 다원적 정치제도의 기틀이 마련되었고, 이에 경제제도의 발달이 가능했으며, 종국에는 첫 번째 산업혁명에 불을 당긴 것이다."

팍스 로마나Pax Romana, 즉 세계를 주름잡던 로마의 성공도 비록 제한적이기는 하지만 포용적인 정치제도를 가졌기 때문이다. 왕, 원로원, 민회의 3각 구도 속에서 단일 인물이 권력을 장악하거나 전횡할 수 없게 했다. 시민은 독자적인 민회를 구성해 호민관을 선출했는데, 호민관은 임기 1년의 선출직인 행정관들이 내린 결정에 대해 거부권을 행사하고, 민회를 소집하며, 법안을 제출할 권한을 가졌다.

포용성을 지닌 정치·경제 제도 덕분에 지중해 무역이 융성했고, 그 결과 막대한 부가 로마로 쏟아져 들어왔다. 하지만 이런 부가 원로원을 중심으로 하는 소수 유력 가문에 집중됨으로써 빈부격차가 벌어졌다. 그에 따라 공화정共和政이 원수정元首政을 거쳐 제정帝政으로 넘어가면서 정치·경제 제도의 포용성이 사라졌다. 요컨대 로마는 제도적 포용성을 상실하면서 몰락했다.

『국가는 왜 실패하는가』에는 흥미로운 두 에피소드가 나온다. 하나, 깨지지 않는 유리를 발명한 사람이 보상을 기대하며 티베리우스Tiberius, B.C.42~A.D.37 황제를 찾아갔다. 그런데 티베리우스는 상을 주기는커녕 이 사람을 죽이라고 명령했다. "황금이 진흙의 가치로 추락하는 일을 막기 위해서"라고 둘러댔지만, 사실은 티베리우스가 창조적 파괴를 통한 경제 효과를 두려워했기 때문이다.

둘, 한 사람이 로마의 성채城砦인 카피톨리누스 언덕Capitoline Hill으로 기둥을 운반할 수 있는 기구를 개발했다며 베스파시아누스Vespasianus, 9~79 황제를 찾아갔다. 기둥이 워낙 육중해 이런 기둥을 채석장에서 깎아 로마까지 운반하려면 막대한 노동력과 엄청난 비용이 들었기 때문에 놀라운 혁신이었다. 그런데 황제는 이 발명품의 사용을 거부했다. "그럼 백성을 어떻게 먹여 살리란 말인가?" 베스파시아누스 황제는 정치적인 면에서 창조적 파괴를 두려워했기 때문이다.

아무리 막강한 제국이라도 정치·경제 차원에서 제도적 포용성을 잃으면 몰락하기 마련이다. 더 많은 사람에게 더 많은 혜택이 돌아가도록 제도를 설계하고 운영하지 않으면 어떤 나라든 쇠락을 피할 수 없다. 조선시대 세종 때의 융성이 그 이후까지 이어지지 못한 것도, 조선왕조가 노론의 정치 독점으로 인해 일제에 강점 당한 것도 다 이런 맥락에서 이해할 수 있을 것이다. 정치권력이든 경제적 이득이든 소수에게서 다수로 이전·확장되는 것이 모든 발전의 열쇠다. 이런 측면에서 선거제도의 개혁을 이해해야 한다.

"산업혁명이 유독 잉글랜드에서 싹터 가장 크게 발전할 수 있었던 것은 포용적인 경제제도 덕분이었다. 물론 이런 경제제도는 명예혁명이 가져다준 포용적 경제제도의 기반 위에 마련된 것이다. 명예혁명은 경제적 필요성과 사회의 열망에 한층 더 민감한 개방적인 정치체제를 만들어주었다."

선거제도를 바꿔 다수대표제의 비중을 줄이고, 비례대표제의 비중을 늘리는 것은 우리의 명예혁명이 될 것이고, 이는 제4차 산업혁명이 한국에서 꽃피우게 하는 힘이 될 것이다.

현실 가능한
개혁을 위해

선거제도에는 크게 3가지가 있다. 다수대표제와 비례대표제, 그리고 이 둘을 섞은 혼합형이 있다. 다수대표제는 지역구에서 1표라도 더 얻은 후보가 당선되는 방식이다. 한국에서 253명의 지역구 국회의원을 이렇게 뽑고 있다. 비례대표제는 정당별로 득표율에 따라 의석을 배분하는 방식이다. 한국에서 300명 중 47명이 이런 방식으로 선출된다. 일부를 다수대표제, 즉 지역구로 뽑고 일부를 비례대표제로 뽑는 방식을 혼합형이라 부른다. 독일은 1:1, 뉴질랜드는 1.4:1, 멕시코(하원)는 1.5:1, 일본(중의원)은 1.6:1, 한국은 5.4:1이다.

혼합형은 다시 연동형과 비례형으로 나눈다. 연동형은 정당 득표율에 따라 각 당의 전체 획득 의석을 정한 뒤, 지역구 의석을 우선으로 배정한다. 예컨대 총 의원수가 100명인데 A 정당이 30퍼센트를 득표했다면 전체 획득 의석은 30석이 된다. A 정당이 지역구에서 20석을 얻었다면 비례에서 10석을 배정 받는다. B 정당이 20퍼센트를 득표했다면 전체 획득 의석은 20석이 된다. 지역구에서 15석을 얻었다면 비례에서는 5석을 배정 받는다. 한편 병립형은 유권자 1인이 지역구 후보에게 1표, 정당에 1표를 행사한 후 비례대표 의석은 각 당이 얻은 정당 득표율에 따라 배정하는 시스템이다. 한국과 일본이 이 방식을 채택하고 있다.

한국처럼 지역구 의석 대비 비례대표 의석의 비율이 5.4:1일 때는 비례대표의 비중이 너무 낮은 문제가 발생한다. 비중이 낮은데다 병립형으로 선출하니 군소정당에는 큰 실익이 없다. 선거 결과가 주로 지역구에서 받은 득표(의석 확보)로 결정되다 보니 유권자들도 여기에 집중하고 정당 투표는 부차적인 보조 또는 보완 투표로 생각한다.

게다가 각 당마다 비례대표 의원이 다음 선거에서 비례대표로 입후보하는 것을 사실상 금지하고 있어 비례대표 의원들도 정치를 계속하려면 지역구를 잡을 수밖에 없다. 그 때문에 지역구의 이해관계에서 자유로운 상태로 국가적 관점을 갖고 의정 활동을 하라고 만들어진 비례대표제가 본래의 취지를 잃어버렸다.

지역구 의원 대비 비례대표제로 뽑는 의원의 비율을 획기적으로 늘려야 한다. 선거 때마다 50퍼센트가량 버려지는 사표를 방지하고, 비례성과 대표성을 강화하기 위해서는 아무리 작게 잡아도 100석은 되어야 한다. 비율로 보면 2:1 정도는 되어야 하지만, 당장 그것이 어렵다면 비례대표 의석 확보를 통해 군소정당이 안정적인 기반을 가질 수 있도록 해주어야 한다. 그래야 정당체제가 의미 있는 다당제로 전환될 수 있다.

난제는 연동형으로 갈 것이냐, 아니면 병립형을 고수할 것이냐 하는 문제다. 독일의 선거제도처럼 100퍼센트 연동형으로 가면 제1당과 제2당의 손실이 매우 크다. 큰 두 정당이 선택하기 쉽지 않다. 병립형으로 하면 여전히 큰 정당들이 누리는 이점이 대체로 유지되는 단점이 있다. 한국은 지역구 의석의 비중이 훨씬 크기 때문에 지역구에서 투표하는 후보와 그가 속한 정당에 표를 몰아주는 일관 투표의 효과가 작동하기 때문이다.

따라서 연동형으로 가되 연동의 방법과 수준을 우리의 형편에 맞춰 조정하는 것이 불가피하다. 즉, 지역구 의석과 비례대표 의석의 비율을 2:1 이하로 줄이지 못할 바에는 지역구 득표율과 정당 득표율을 합산해서 총 의석을 배정하는 방식도 검토해볼 수 있다. 아예 정당 득표율의 50퍼센트만 적용하는 방법도 제시된 바 있다. 이렇게 하면 거대 양당인 더불어민주당과 자유한국당의 불이익을 어느 정도 보전해주면서 개혁을 이루어낼 수 있다.

옳고 그름의 자세로 접근하면 개혁은 불가능하다. 개혁은 양보와 타협을 전제로 해야 한다. 연동형 비례대표제가 더 나은 제도니, 연동형 비례대표제를 약속했느니 토 달지 말고 무조건 수용하라고 하면 결과적으로 개혁 실패로 이어질 가능성이 크다. 현재 가능한 정도의 개혁이라도 타협을 통해 해내는 것이 필요하다. 전부 아니면 전무의 태도는 반개혁적 태도다. 정치는 타협을 통한 변화의 기예라는 사실을 잊지 않아야 한다.

약자들의 이해를 대변하는 정당

비례대표 의석이 상당한 수준으로 늘어나면 정치의 질이 바뀐다. 우선 전략 투표strategic voting가 줄어들고 진심 투표sincere voting가 늘어난다. 내가 좋아하는 후보에게 투표하고 싶으나 그 표가 사표로 전락할 우려가 크면 마지못해 이길 가능성이 있는 후보에게 투표하는 것이 인지상정이다. 다수대표제는 전략 투표를 조장하고, 이는 결국 큰 양대 정당에 유리한 결과를 낳는다. 득표율에 비해 훨씬 높은 의석 점유율을 누리게 되는 것이다.

지난 제20대 총선에서 253개의 지역구에서 더불어민주당이 얻은 표는 전체의 37.0퍼센트, 자유한국당은 38.3퍼센트였다. 두 정당은 각각 110석과 105석을 얻었다. 양 정당의 득표율 대비 의석 점유율을 보면, 더불어민주당은 37.0퍼센트 대 43.5퍼센트고 자유한국당은 38.3퍼센트 대 41.5퍼센트다.

진심 투표의 비중이 높아지면 한 정당이 과반 의석을 갖거나, 두 정당이 대부분의 의석을 차지하는 양당제보다는 제3당 이하 정당들이 의미 있는 의석을 갖는 다당제로 바뀌게 된다. 물론 상대적으로 큰 정당이 2개가량 존재할 수는 있다. 경험적으로도 이런 경우는 허다하다. 큰 정당이 몇 개든 한 정당이 혼자서 과반 의석을 확보하지 못한 이상 정당 간의 연합이 불가피하다. 연합을 통해서 과반 의석을 확보하지 못하면 소수 정부로 전락하기 때문이다.

양당제가 갖지 못한 다당제의 장점은 사회경제적 약자들의 이해가 정치적으로 대표된다는 점이다. 양당제는 한 정당이 다수 의석을 확보해야 하기 때문에 대체로 폭넓은 지지 기반을 가져야 하는 포괄 정당catch all party을 지향할 수밖에 없다. 이렇게 되면 구체적인 정책을 제시하기는 어렵다. 어느 정당이든 중도 노선으로 수렴하게 되고, 그렇게 되면 사회경제적 약자보다는 당연히 중산층의 이해를 충실히 대변하는 선택을 하게 된다. 결국 노선이나 정체성보다는 인물 대결로 가기 쉽다. 한국의 예에서 보듯 지역주의가 자라나는 좋은 토양이 된다. 미국처럼 인종주의가 '보이지 않는 손'으로 판세를 좌우할 수도 있다.

다당제로 가면 각 정당들은 자신의 정체성, 즉 사회의 어떤 부분을 대표할지 분명하게 제시할 수 있다. 왜냐하면 그렇게 해도 의석을 얻을 수 있고, 의석이 크든 작든 자신의 의석을 갖고 다른 정당과 손잡고 집권할 수 있기 때문이다. 소수 의석을 가진 정당도 연합, 즉 연정의 구성 과정에서 얼마든지 캐스팅보트를 행사할 수 있다. 이렇게 되면 다양한 사회경제적 약자들의 목소리가 정책에 반영될 수 있게 된다. 양당제처럼 아예 의회를 비롯해 공적 의사결정의 테이블 위에 오르지 못하는 꼴에서 벗어날 수 있다.

비례대표의 비중이 늘어나고 다당제로 가게 되면 양 극단의 정당은 집권에서 배제된다. 연합을 통해 과반 의석 이상을 확보하려면 극단을 지향하는 정당을 배제해야 한다. 그래야 다른 정당들이 참여하기 때문이다. 극우나 극좌의 정당과 손잡으면 다른 정당들이 기피할 것이므로 아주 예외적인 경우가 아니면 배제하는 것이 합리적 선택이다. 비례대표제-다당제를 채택한 나라들에서 복지국가의 모델이 생겨난 것도 바로 이런 이유 때문이다.

토번 아이버슨Torben Iversen과 데이비드 소스키스David Soskice, 1942~가 2006년 미국정치학회지에 흥미로운 논문을 발표했다. 다수대표제-양당제 국가에서는 기본적으로 자본과 기업에 친화적인 정당의 집권 확률이 아주 높다고 한다. 두 학자가 사례를 모아 분석해보니 그 확률이 75퍼센트 정도였다. 이와 달리 비례대표제-다당제 국가에서는 사회경제적 약자들의 이해를 대변하는 정당의 집권 확률이 높았다. 약 74퍼센트의 확률이었다. 미국의 정치학자인 빙엄 파월Bingham Powell, 1942~도 이들과 비슷한 연구 결과를 발표한 바 있다.

이런 차이를 낳은 요인은 간단했다. 중산층의 향배다. 이런 논리다. 다수대표제-양당제 국가에서는 중산층이 진보정당이 집권하면 복지비용 등 자신들의 세금 부담이 늘어날 것을 우려해 복지를 기피하는 보수정당에 투표하는 경향이 강하다. 물론 중산층이 무조건 복지를 반대하는 것은 아니다. 그들이 원하는 것은 급격한 전환이 아니라 점진적인 프로세스, 예컨대 대기업이나 고소득층에 대한 증세가 먼저 이루어진 뒤 자신들에게 부담이 넘어오는 방식을 선호한다. 그래서 이들이 진보정당의 집권보다는 보수정당의 집권을 택한다는 이야기다.

반면 비례대표제-다당제 국가에서는 복지처럼 사회경제적 약자들을 상대적으로 더 잘 대변하는 정부가 들어설 가능성이 높다. 중산층이 진심 투표를 통해 중도정당을 지지하게 되고, 이 정당이 선거 후 집권을 위해 진보정당과 손잡기를 원하게 된다. 왜냐하면 중도정당이 키를 잡고 여기에 진보정당을 더하게 되는 것이므로 복지를 지향하되 급격한 변화에 대한 우려가 불식되기 때문이다. 이처럼 양당제와 다당제에서는 정치의 작동 방식이 다르다.

포용적 정치제도로
가는 길

한국 정치는 중대 기로에 서 있다. 이대로 가면 정치가 사회발전을 가로막는 차단벽이 될 수도 있다. 이른바 '87년 체제'의 성립 이후 민주화가 정착한 즈음부터 한국 사회는 좀더 포용적인 경제제도를 만들어내는 정치의 역할을 요구하고 있다. 더 많은 사람, 특히 사회경제적 약자들이 지금보다 많은 경제적 혜택을 누려야 하고, 그렇게 하기 위해서는 이들이 정치적 의사결정에 참여할 수 있어야 한다.

포용적 정치제도로 가기 위해서라도 비례대표제는 확대되어야 한다. 정치제도가 포용성을 갖지 못하면 경제제도 역시 포용성을 갖지 못하게 되고, 결국 그 사회는 주저앉게 된다. 잘나가던 나라들이 정체되어 마침내 무너지게 되는 이유도 바로 여기에 있다. 어느 정당에 얼마만큼 유리하고 불리한지를 떠나 한국 사회가 막힌 벽을 뚫고 더 발전하려면 불가피한 선택이다.

　제도는 규칙이다. 제도만 바꾼다고 해서 모든 것이 달리지 지는 않는다. 그러나 제도를 바꾸지 않고 개인의 의지나 집단 지성만으로 다 바꿀 수 있다고 보는 것도 잘못이다. 꽉 막힌 정체, 닫힌 폐쇄를 뚫을 핵심 고리가 바로 선거제도다. 딱 여 기서부터 시작해야 한다. (2019년 1월 1일)

소득주도
성장론의
딜레마

'소주'보다는
'사케'가 해로워

　　"만일 저에게 두 얼굴이 있었다면 왜 이런 중
요한 자리에 하필이면 이 못생긴 얼굴을 가지고 나왔겠습니
까?" 에이브러햄 링컨Abraham Lincoln, 1809~1865이 의원이던 시
절, 누군가 그를 두 얼굴을 가진 이중인격자라고 비난하자 링
컨이 받아친 '말'이다. 정치는 말의 싸움이다. 얼마나 멋있는
말을 하느냐가 아니라 말을 통해 사안의 성격을 어떻게 규정

하느냐가 핵심이다. 그래서 정치에서는 재치 있는 유머, 날카로운 풍자가 높은 평가를 받는다.

2018년 8월 통계청이 분기별 고용동향과 가계소득동향을 발표했다. 곧바로 '소득주도성장론'에 대한 찬반 논쟁이 격렬하게 일어났다. 취업자 수가 급락하고, 가계소득도 나빠졌다는 내용 때문이다. 보수언론과 야당은 경제학 교과서에도 안 나오는 이론인 소득주도성장론 때문에 경제가 절단났다며 당장 때려치우라고 소리쳤다. 반면에 문재인 대통령과 여당, 진보 진영은 단호하게 소득주도성장을 고수했다. 문재인 대통령까지 나섰다. "우리는 올바른 경제정책 기조로 가고 있다." 2018년 8월 25일 더불어민주당 전당대회 영상 메시지를 통해 밝힌 내용이다.

야당은 2016년 총선, 2017년 탄핵과 대선, 2018년 지방선거에서 연패할 만큼 수세가 확연했다. 그 부진을 뚫고 다시 일어서는 계기로 소득주도성장을 타깃으로 삼은 듯하다. 그래서 소득주도성장을 '소주'라고 줄여 부르면서 파상 공세를 이어가고 있다. 청와대의 장하성 정책실장, 김수현 사회수석, 정책기획위원회의 홍장표 소득주도성장특별위원장 등 '소득주도성장 3인방', 이른바 소주방의 퇴진 압박도 거세다.

"문제는 '소주'가 아니라 '사케'다." 야당의 파상 공세를 보면서, 상대의 주장에 일격을 가할 수 있는 말이 없을까 고민하다 소주가 술이니 술로 대응하는 것이 좋겠다고 판단했다. 퍼뜩 사케라는 말이 떠올랐다. 사사건건 시비 걸거나 발목 잡으면서 케케묵은 옛날 패러다임이나 모델로 돌아가자고 주장하니 이것이 바로 '사케'가 아니고 무엇인가? 소주는 우리 술이고, 사케는 일본 술이니 이 말에는 정서적 자극도 살짝 깔려 있다. '소주 대 사케'라는 표현이 얼마만큼의 대중적 소구력을 가질지는 모르겠지만, 말로 하는 싸움의 한 예는 될 듯하다.

역효과, 무용,
위험의 명제

앨버트 허시먼Albert O. Hirschman, 1915~2012이라는 유명한 정치경제학자가 오래전에 멋진 통찰이 담긴 책을 펴냈다. 영어 원제는 『The Rhetoric of Reaction』인데, 우리말 번역서의 제목은 『보수는 어떻게 지배하는가』다. Reaction은 반동 또는 반反작용을 뜻한다. 이것은 Action, 즉 작용에 대항하는 움직임을 뜻한다. Action과 Reaction의 관계에 대해 영국의 물리학자인 아이작 뉴턴Isaac Newton,

1642~1727은 이렇게 표현했다. "모든 Action에는 언제나 그와 반대되는 동등한 Reaction이 있다." 풀어 쓰면, '작용이 있으면 반작용이 있다'는 뜻이다.

그런데 Reaction이 반드시 보수만을 뜻하지 않는다. 보수의 세상을 바꾸려고 하는 움직임이 있다면 그것이 Action이고, 그것을 저지하려는 움직임이 Reaction이 되는 것이다. 이 경우에는 Reaction이 보수의 몫이다. 반대로 진보의 세상을 바꾸려는 Action이 있다면, Reaction은 진보의 몫이 된다. 상대적인 것이다. 진보도 얼마든지 Reaction, 즉 반동이나 반작용일 수 있다. 물론 허시먼의 설명대로 이 세 명제는 기존의 혹은 새로운 진보적 정책에 대한 보수파의 비판에서 가장 전형적으로 쓰이는 것은 맞다.

허시먼은 이 책에서 반동 또는 반작용의 담론(전략)을 3가지로 요약한다. 첫째는 역효과 명제perversity thesis다. 작용이 엉뚱한 결과를 낳는다는 이야기다. 둘째는 무용 명제futility thesis다. 아무런 소용이 없을 거라는 이야기다. 셋째는 위험 명제jeopardy thesis다. 위험한 결과를 낳는다는 이야기다. 어떤 것이든 새로운 시도에 반대하거나 현실의 변화를 저지하고자 할 경우에는 이 3가지 담론이 전가傳家의 보도寶刀처럼 쓰인다.

"역효과 명제에 따르면 정치·사회·경제 질서의 일부를

향상시키려는 어떤 의도적인 행동도 행위자가 개선하려는 환경을 악화시킬 뿐이다. 무용 명제는 사회 변화를 추구하는 모든 노력은 효과가 없으며, 그 노력들은 어떤 '변화도 만들어내지' 못한다고 본다. 마지막으로 위험 명제는 변화나 개혁에 드는 비용이 너무 많기 때문에 그 변화나 개혁은 이전의 소중한 성취를 위험에 빠뜨린다고 주장한다."

허시먼의 설명대로, 지금 이 순간 소득주도성장을 반대하는 주장도 결국 이 세 명제에서 한 치도 벗어나지 않는다. '저소득층의 소득을 향상시켜준다고 하더니 반대로 그들을 더 힘들게 하고 있지 않는가. 일자리에 수십조 원을 쏟아부었지만 아무 효과가 없지 않는가. 멀쩡한 경제를 파탄에 빠트리고, 자영업자들과 소상공인들을 위태롭게 만들고 있지 않는가.' 판단은 각자의 몫이다. 어쨌든 예나 지금이나 확실한 것은 세상의 거의 모든 변화나 혁신이 처음에는 이런 세 명제의 비판에 직면했다는 사실이다.

역효과, 무용, 위험의 명제가 먹히는 이유는 무엇일까? 기성 질서가 갖는 힘 때문이다. 현실에 뿌리를 내리고 있는 질서가 어느 날 갑자기 만들어진 것이 아니기 때문에, 그 질서에 득을 보는 세력이나 개인들이 있기 때문에, 그리고 현 질서에 대한 심리적 복속 때문에 그것을 깨기란 쉽지 않다. 다른 한편 새로운 질서라는 것이 금방 손에 잡힐 정도로 구체화되는 것이 아니기 때문에, 또 부득불 현실 세력과 개혁 세력 간의 갈등이 불편함과 적지 않은 비용을 초래하기 때문에 초지일관 변화를 지지하기도 어렵다.

이런 점들을 고려한다면 이 세 명제가 두려움과 불안감을 조장하는 악마의 속삭임으로 다가오기 쉽다는 점을 충분히 이해할 수 있다. 심리학자들의 실험에 따르면 사람은 고통보다 불안을 못 견딘다고 한다. 고통은 참으면 되지만 불안은 참는다고 해결되지 않는 탓이다. 그래서 알면서도 당하는 것이 이 세 명제의 마력이다.

불가피, 효용, 정의의 명제

개혁은 바꾸는 것이다. 뭔가 바꾸려고 하면 저항이나 반대가 있기 마련이고, 그 반대 담론이 3가지로 압축될 수 있다고 했다. 그렇다면 개혁 또는 가치중립적 용어로 작용action도 이에 맞설 대항 담론을 가져야 하는 것은 당연지사다. 선의나 진정성을 내세우면서 반작용의 세 명제를 우습게 알았다간 큰코다친다.

첫째, 불가피 명제inevitability thesis다. 지금 이대로 갈 수 없을 정도로 상황이 악화되었기 때문에 싫든 좋든 바꿔야 한다는 이야기다. 숱한 문제를 드러내고 있는 현실에 순응해서는 더 나빠지는 것, 다 같이 힘들어지거나 최악의 경우 공도동망共倒同亡하게 될 것이므로 개혁은 불가피하다는 점을 잘 설명하면 그것이 곧 개혁을 위한 동력을 만들어내는 첫걸음이기도 하다.

둘째, 효용 명제utility thesis다. 개혁을 통해 더 많은 사람이 혜택을 보게 되고, 사회는 더 좋은 세상으로 바뀌게 된다는 이야기다. 또 실제로 다수의 삶이 더 좋아지게 된다는 것이다. 이 명제는 실질적인 성과를 통해 변화가 삶에 가져다주는 유용함을 체감할 수 있도록 하는 것이 개혁 성공에 매우 중요하다는 사실을 지적한다. 아무리 당위적으로 옳다고 하더라도 실제 삶을 개선하지 않는 개혁은 오히려 위험하다. 실망과 배신감으로 인해 극심한 반작용, 즉 반동을 초래하기 때문이다. 손에 잡히는 혜택이나 유용함을 더 많은 사람이 느낄 수 있게 하는 것이 개혁 전략의 핵심이다.

셋째, 정의 명제justice thesis다. 개혁은 현실에서 정의롭지 못한 측면과 요소를 개선하는 것이다. 인간 삶은 정의를 향한 여정이다. 조금이라도 더 나은, 정의에 부합하는 세상을 만들고자 하는 노력이 있었기에 인류의 삶은 천천히 때로는 급속하게 나아져왔다. 인간은 존재론적으로 복잡하고 상충되는 모순 덩어리의 다면체지만 인간 본성에 정의가 들어 있는 것은 분명하다. 이 정의를 향한 열망을 자극해야 반대나 반작용의 저항을 뚫을 수 있다.

세상을 바꾸는 방법 중에 가장 효과적이고, 지속 가능하고, 비용이 적게 드는 것이 바로 정치다. 정치가 아닌 혁명이나 폭력, 심지어 설사 민주주의에 부합한다고 하더라도 다수결의 힘만으로 '만들어진' 변화는 오래가지 못한다. 또 실질적으로 다수의 삶을 더 나아지게 만들 수 없다. 비용도 굉장히 많이 든다. 생각을 달리하는 사람이나 단체, 세력과의 타협, 다시 말해 정치 없이 개혁을 성공시킬 수는 없다.

정치는 타협이지만 다른 한편으로 유권자의 마음을 얻는 것이기도 하다. 요컨대, 선거에서 이겨야 한다는 뜻이다. 선거에 이기려면 유권자의 마음을 얻어야 한다. 공감하는 명분을 제시하고, 설득력 있는 방법을 제공하고, 실제로 체감하는 성과를 보여줄 때 그들의 표를 얻을 수 있다. 미국의 뉴딜개혁이나 스웨덴의 복지국가 건설, 또는 그 외 보통 사람들의 삶을 더 낫게 한 개혁들도 유권자의 마음을 얻어 선거에서 이겼기 때문에 성공할 수 있었다.

지성의 비관주의와
의지의 낙관주의

　　뭔가를 바꾸려고 하는 개혁가는 안토니오 그람시Antonio Gramsci, 1891~1937의 표현대로 지성의 비관주의와 의지의 낙관주의를 동시에 가져야 한다. 지성적인 판단에 따르면 세상은 바뀌지 않는다. 현실의 강고한 저항력을 차가운 지성이 헤아리기 때문이다. 머리 좋은 사람이 세상과 더 쉽게 타협한다는 말을 하기도 하는데, 바로 이런 측면을 지적하는 것이다. 반면, 의지는 계산에 따르지 않고 무작정 버티는 것이다. 옳은 것이기에, 가야 할 길이라고 생각하기에 가는 것이다. 세상을 바꾸는 용기는 바로 이런 의지에서 비롯된다.

　　서생적 문제의식과 상인적 현실감각, 김대중 전 대통령이 정치인의 덕목으로 거론한 것이다. 내용적으로는 그람시의 지적보다 날카롭다. 현실의 문제점을 정확하게 파악하고, 그 대안까지도 고민하는 것은 서생적 문제의식이다. 깊이 연구한 학자가 현실의 문제를 올바르게 진단하고, 다른 세상의 모습이 어떠해야 하는지 잘 그려내는 것은 당연하다. 그런데 이 문제의식을 구현할 능력은 또 다른 차원이다. 부모에게조차 이윤을 남긴다는 상인의 철두철미함, 장사 수완, 거래 기술 등이 필요하다. 그냥 좋은 생각만으로 덤벼서는 이길 수 없다. 어떻게 하면 이길지 그 방법을 알아야 한다.

대개 개혁가나 더 나은 세상을 구현하고자 하는 진보는 비전에 강하다. 현실에 뿌리를 내리고 있는 사람들로 하여금 동참하게 하려면 새로운 세상이 정치精緻하게 그려지고 설명되어야 한다. 그럴듯하고, 멋있어야 따라나설 것 아니겠는가. 그러다 보니 개혁가나 진보는 논리logic에 강하다. 현실의 무엇이 잘못이고, 그 잘못을 대체하는 바름이 무엇인지 등을 빈틈없이 따진다. 논리를 추구하다 보니 다른 주장을 인정하거나 받아들이는 데는 인색하다. 조금씩 열어주면 어느새 남아 있는 게 없어지기 마련이니 비타협적일 수밖에 없다.

상대적으로 비전을 마련하는 데 많은 에너지를 쓴 탓에 개혁가나 진보는 그 비전을 어떻게 구현할지를 살피고 따지는 전략에 둔하다. 유능함보다는 선명함을 우선시한다는 이야기다. 그 때문에 개혁을 할 때 자칫 작은 실수로 낭패를 당하는 경우가 허다하다. 흔히 말하듯 악마는 디테일에 있다. 일수허저 전국치패一手虛著 全局致敗, 한 수를 잘못 둬도 한 판을 질 수 있다. 바둑의 격언이다. 사지성패 필유소생事之成敗 必由小生이라는 『회남자』에 나오는 말도 있다. 일의 성공과 실패는 반드시 아주 사소한 것에서 비롯된다는 뜻이다. 유능한 진보의 지

평은 전략에 눈을 뜰 때 비로소 열린다.

다시, 현실을 보자. 소득주도성장을 내걸고 최저임금을 대폭 인상하고 노동시간을 단축하려면, 그에 대한 준비가 철저해야 한다. 최저임금을 그 이전과 달리 16.4퍼센트(2017년), 10.9퍼센트(2018년) 인상하면 혼란이나 잡음은 불가피하다(2019년에는 2.9퍼센트가 인상되었다). 예상되는 혼란을 차단하고, 잡음을 제거할 수단과 계획을 준비하고 치밀하게 실행했어야 했다. 하지만 청와대와 정부는 이런 일에 능숙하게 대비하지 못했다. 고작 한 것이 일자리 안정자금을 투입했을 뿐이다. 임금의 산입 범위를 먼저 정리하지도 않고, 최저임금 인상으로 압박을 받을 자영업자나 소상공인, 중소기업의 어려움을 헤아릴 대책이 부족했다. 좋은 일도 실행을 잘못하면 비싼 대가를 치르게 되는 법이다.

국민연금을 둘러싼 논란은 더 어처구니없다. 안 맞아도 될 매를 맞은 셈이다. 국민연금 개선안을 정부가 공식 발표한 것도 아니고, 개선책을 준비하는 기구에 참여한 인사들이 슬금슬금 흘린 것이 정부의 공식 입장인양 받아들여졌다(2018년 8월 정부가 국민연금 재정 고갈 시기를 늦추기 위해 보험료를 인상하고 지급 시기를 65세로 늦추는 방안을 검토 중에 있다는 사실이 알려졌다). 논란이 커지니 휴가 중이던 주무장관이 입장문 하나 낸 것이 전부다. 아직 최종안이 만들어진 것이 아닌데다 공식 발표하지도 않았으니 공식 대응할 일이 아니라고 판단한 거라면 참 한심한 무능이다.

2018년 여름을 강타한 폭염도 사실 예상 가능했다. 기후변화로 인해 전 세계 기상이변은 이제 일상사가 된 지 오래다. 가뭄에 홍수, 산불, 폭염, 혹한 등 기상 재난이 닥쳐오는 것은 뻔한 사실인데 준비가 없었다. 폭염도 재난으로 인식하고, 기후 약자들의 안전을 어떻게 지킬 것인지 대비했어야 마땅하다. 전기 중독 사회라는 별칭이 말해주듯 전기 소비를 많이 하는 가정 시스템이라면 마땅히 서민의 부담을 덜어주는 대책을 강구했어야 옳다. 손 놓고 있다가 대통령의 지시가 있고서야 움직였다.

개혁에 성공하려면 DOP가 중요하다. 아무리 원대한 포부를 가진 비전도 내부의 이견Dissent 때문에 허망하게 무너지는 경우가 허다하다. 반대의 저항 때문이 아니라 내부의 이견이 더 치명적이다. 특히 선거에서 압도적으로 승리한 경우 상대의 힘은 많이 약화되었을 것이므로 크게 신경 쓰지 않아도 그만이다. 문제는 내부의 의견 다툼이 갈등으로 발전하고, 그것이 지지층 균열로 이어지는 경우다. 이렇게 되면 백약이 무약이다.

반대Opposition를 관리하는 것도 중요하다. 언제 어디서든 반대가 없는 경우는 없다. 『성경』 첫 구절, "태초에 말씀이 있었다"는 것도 반대를 전제로 하는 이야기다. 달리 말하면, 태초부터 반대가 있었다는 이야기다. 어차피 있는 반대를 어떻게 다루느냐가 핵심이다. 반대를 무작정 외면하거나 힘으로 제압하는 것은 하책이다. 잘 통하지도 않는다. 반대 진영과 지루한 논쟁으로 힘겨루기를 벌이는 것은 중책이다. 이 또한 실익이 별로 없다. 가장 좋은 것은 반대의 토대를 허무는 것이다. 반대하지 못하도록 충분히 협의하고, 설사 차이를 좁히지 못하더라도 더는 설득력을 갖지 못하도록 해야 한다. 이것이 상책이다.

마지막으로 성과Performance가 필요하다. 불가피한 선택이고, 정의에 부합하고, 결국 도움이 되는 길이라 할지라도 마냥 성과가 없으면 지치기 마련이다. 잠깐 걷는 산책이 아니라 계속 걸어야 하는 장정이라면 더더욱 성과를 통해 행복한 변화를 체감할 수 있어야 한다. 금강산도 식후경이라 하지 않던가. 사실과 상관없이, 소득주도성장 정책을 추진하고 있는 데 가난한 사람들의 소득과 일자리가 줄어들었다는 뉴스는 치명적이다. 나중에 좋아질 것이라는 설명만으로 이들의 불만과 허탈함을 달래기 어렵다. 이제 못 참겠다는 심리적 임계점mental tipping point을 넘기 전에 분명한 성과를 보여주어야 한다.

누구의
책임인가?

2018년 8월 26일 청와대 장하성 정책실장이 기자간담회를 열었다. 경제정책의 기조를 잘 설명했다. 가계소득을 높이고, 지출 비용을 줄이며, 안전망을 확충하고자 하는 것이 소득주도성장이라고 하면서 이렇게 말했다.

"문재인 정부가 추진하는 '소득주도성장 정책'은 3개의 정책 축으로 구성되어 있습니다. 첫째, 가계의 소득을 높이고, 둘째, 가계의 생계비를 줄여 가처분소득을 높이며, 셋째, 사회안전망과 복지를 확충해 실질적인 소득 증대 효과를 높이는 것입니다."

장하성 정책실장은 숱하게 많은 정책을 제시했다. 필요한 일이었다. 문제는 그런 정책들이 아직 온전하게 실행되지 못하고 있다는 점이다. 야당이 소득주도성장 정책을 최저임금으로만 본다고 주장하지만, 사실 정부도 최저임금 외에 별다르게 제시하거나 실행한 것이 없다. 그러다 보니 소득주도성장을 둘러싼 여야의 공방이 내용 없이 정책 경쟁이 아니라 이

넘 대결로 귀결되고 말았다. '바꾸자'와 '안 된다' 간의 무익한 공방이 되어버렸다.

왜 이런 공방이 지속되었을까? 손바닥도 마주쳐야 소리가 나듯이 여야 모두의 책임이지만 여당이 져야 할 책임이 작지 않다. 그러나 뭐니 뭐니 해도 원인을 제공한데다 경제를 관장하고 있는 경제부총리와 청와대 정책실장의 책임이 크다. 원팀one team으로서 견고한 팀워크를 보여주지 못했고, 관료 사회를 장악해 치밀한 준비와 물샐틈없는 대응을 해나가는 데 부족함이 많았다. 둘 다 리더십과 반응성에서 한계를 노출했다.

그런데 가장 큰 책임은 비서실장에게 있지 않나 싶다. 대통령제의 작동 방식을 고려할 때, 대통령 비서실장은 국정 운영의 중심이다. '키맨'이다. 대통령 비서실장의 역할은 많지만 그중에서도 꼭 필요한 것을 꼽으라면 대체로 4가지, 즉 시스템 운영자system operator, 조정자coordinator, 소통자communicator, 소방수fireman의 역할로 정리할 수 있다. 국정 운영의 시스템이 원활하게 작동하도록 하고, 여러 의견을 잘 조정해내고, 내외의 생각과 주장들이 안팎으로 잘 소통되도록 함으로써 노이즈noise의 발생을 막거나 최소화해야 한다. 정국 상황의 흐름을 정확하게 짚어내고, 이른바 당·정·청이 기민하고도 효과적으로 대응하도록 해야 한다. 특히 악재가 발생할 경우 신속하게 나서 진압해야 한다.

파워블록 내부의 돌아가는 사정을 알 수 없어 보이는 것으로만 판단컨대, 최근에 벌어진 일련의 과정에서 청와대 비서실장은 자신이 감당해야 할 4가지 역할을 효과적으로 수행하지 못했다. 정부의 대응이 보통 사람들의 삶에 대한 걱정과 공감, 실질적 대응책을 제시하는 것이 아니라 소득주도성장을 둘러싼 논쟁에 빠지도록 방치했다. 소득주도성장론이란 용어와 그 효과에 대한 방어보다 중요한 것은 정부가 경제 상황의 엄중함에 둔감하거나 책임을 온전하게 지지 않으려 한다는 세간의 오해를 불식시키는 것이었다. 과연 그렇게 했는지 의문이다.

미국의 빌 클린턴 대통령이 취임한 지 얼마 되지 않아 군대 내 동성애 이슈가 터졌다. 이 이슈를 둘러싼 찬반 논쟁 때문에 대통령이 정작 하고 싶었던 이슈들이 묻히거나 뒤로 밀리는 상황이 연출되었다. 그래서 소동 끝에 이슈를 덮었다. 발생하는 이슈에 대응만 하다가는 자신이 대통령이 되면 꼭 하고 싶었던 일을 못하게 된다. 소탐대실이다. 소득주도성장을 둘러싼 논란도 찬반 논쟁에 매몰되면 결국 손해는 집권한 세력이 본다. 정책실장이나 경제부총리는 자신들이 책임져야 할 사안이기 때문에 아무래도 긴박할 수밖에 없다. 이런 때에는 비서실장이 냉철한 이성과 단호한 의지로 이슈 전환에 나섰어야 했다.

한국갤럽이나 리얼미터 여론조사를 보면, 소득주도성장에 대한 찬성이 반대보다 훨씬 높다. 2018년 8월 31일의 한국갤럽 조사에 따르면 소득주도성장에 대한 찬성은 60퍼센트고, 반대가 26퍼센트로 나타났다. 8월 22일의 리얼미터 조사에서는 소득주도성장 기조 유지 입장이 55.9퍼센트, 효과 없으니 전면 폐지가 33.4퍼센트였다.

이들 조사가 말해주는 것은 어쨌든 새로운 패러다임에 대한 기대 또는 문재인 정부의 민생경제에 대한 기대는 여전히 살아 있다는 사실이다. 그렇다면 정부가 야당을 보면서 논쟁하기보다 국민을 보며 실행하는 모습을 보여주는 데 집중하는 것이 옳다. 대거리는 여야 정당의 몫으로 두는 것이 좋다.

"군자는 우물에 빠진 사람을 구해야 하지만 그렇다고 무턱대고 우물 속으로 뛰어들지는 않는다君子 可逝也 不可陷也." 공자의 이 말, 지금 문재인 정부와 더불어민주당이 새겨야 할 화두인 듯싶다. (2018년 10월 1일)

다음 총선에 출마하지 않겠습니다

조국 이야기로 하루를 시작하고 조국 이야기로 하루를 마감하는 국면이 67일 만에 끝났습니다. 그동안 우리 정치, 지독하게 모질고 매정했습니다. 상대에 대한 막말과 선동만 있고, 숙의와 타협은 사라졌습니다. 야당만을 탓할 생각은 없습니다. 정치인 모두, 정치권 전체의 책임이지요. 당연히 저의 책임도 있습니다. 부끄럽고 창피합니다. 허나 단언컨대, 이런 정치는 공동체의 해악입니다.

특정 인사에 대해 무조건 안 된다고만 하고 인격 모독을 넘어 인격 살인까지, 그야말로 죽고 죽이는 무한 정쟁의 소재가 된 지 오래입니다. 이 또한 지금의 야당만 탓할 일은 아닙니다. 우리도 야당 때 그랬으니까요. 그러나 피장파장이라고 해서 잘못이 바름이 되고, 그대로 둬야 하는 것은 아닙니다. 상대를 죽여야 내가 사는 정치는 결국 여야, 국민까지 모두를 패자로 만들 뿐입니다.

민주주의는 상호 존중과 제도적 자제로 지탱되어왔다는 지적, 다른 무엇보다 민주주의자로 기억되고픈 제게는 참 아프게 다가옵니다. 상호 존중은 정치적 상대방을 적이 아니라 공존해야 할 경쟁자로 받아들이는 것이고, 제도적 자제는 제도적 권한을 행사할 때 신중함을 잃지 않는 것입니다.

우리의 민주주의는 정치의 상호 부정, 검찰의 제도적 방종으로 망가지고 있습니다. 정치가 해답solution을 주기는커녕 문제problem가 되어버렸습니다. 정치인이 되레 정치를 죽이고, 정치 이슈를 사법으로 끌고 가 그 무능의 알리바이로 삼고 있습니다. 검찰은 가진 칼을 천지사방 마음껏 휘두릅니다. 제 눈의 들보는 외면하고 다른 이의 티끌엔 저승사자처럼 달려듭니다. 급기야 이제는 검찰이 정치적 이슈의 심판까지 자처하는 지경에까지 이르렀습니다.

저는 다음 총선에 출마하지 않을 작정입니다. 국회의원으로 지내면서 어느새 저도 무기력에 길들여지고, 절망에 익숙

해졌습니다. 국회의원을 한 번 더 한다고 해서 우리 정치를 바꿔놓을 자신이 없습니다. 멀쩡한 정신을 유지하기조차 버거운 게 솔직한 고백입니다. 처음 품었던 열정도 이미 소진되었습니다. 더 젊고 새로운 사람들이 새롭게 나서서 하는 게 옳은 길이라 판단합니다.

사족 하나. 조국 전 장관이 외롭지 않으면 좋겠습니다. 그에게 주어졌던 기대와 더불어 불만도 저는 수긍합니다. 그가 성찰할 몫이 결코 적지 않습니다. 그러나 개인 욕심 때문에 그 숱한 모욕과 저주를 받으면서 버텨냈다고 보지 않습니다. 그 자리가 그렇게 대단할까요. 검찰 개혁의 마중물이 되기 위한 고통스런 인내였다고 믿습니다. 검찰 개혁은 꼭 성공해야 합니다.

아직 임기가 제법 남았습니다. 잘 마무리하겠습니다. 고맙습니다.

2019년 10월 15일
국회의원 이철희

정치가 내 삶을
바꿀 수 있을까?

ⓒ 이철희, 2020

초판 1쇄 2020년 1월 31일 찍음
초판 1쇄 2020년 2월 6일 펴냄

지은이 | 이철희
펴낸이 | 강준우
기획·편집 | 박상문, 김소현, 박효주, 김환표
디자인 | 최진영, 홍성권
마케팅 | 이태준
관리 | 최수향
인쇄·제본 | (주)삼신문화

펴낸곳 | 인물과사상사
출판등록 | 제17-204호 1998년 3월 11일

주소 | 04037 서울시 마포구 양화로7길 4(서교동) 2층
전화 | 02-325-6364
팩스 | 02-474-1413

www.inmul.co.kr | insa@inmul.co.kr

ISBN 978-89-5906-559-2 03300

값 14,000원

이 도서의 국립중앙도서관 출판예정도서목록(CIP)은 서지정보유통지원시스템 홈페이지
(http://seoji.nl.go.kr)와 국가자료공동목록시스템(http://www.nl.go.kr/kolisnet)에서
이용하실 수 있습니다. (CIP제어번호: CIP2020002957)